TODO LO QUE QUIERES SABER DE LA BIBLIA

TODO LO QUE QUIERES SABER DE LA BIBLIA

BUENO... QUIZÁ NO TODO
PERO LO NECESARIO PARA COMENZAR

PETER DOWNEY Y BEN SHAW

 Vida®

La misión de Editorial Vida es ser la compañía líder en comunicación cristiana que satisfaga las necesidades de las personas, con recursos cuyo contenido glorifique a Jesucristo y promueva principios bíblicos.

TODO LO QUE QUIERES SABER DE LA BIBLIA
Edición en español publicada por
Editorial Vida – 2009
Miami, Florida

©2009 POR OZDAD, A DIVISION OF Sons of Thunder Press

Originally published in U.S.A. under the title:
    Everything You Want to Know about the Bible
    Copyright © 2005 OZDAD, a division of Sons of Thunder Press
Published by permission of Zondervan, Grand Rapids, Michigan

Traducción: *Erma Ducassa / David Fuchs*
Edición: *Athala Jaramillo, Janet Edith Cabauy, Luciano Jaramillo*
Diseño interior: *Eugenia Chinchilla*
Diseño de cubierta: *Grupo Nivel Uno, Inc.*

ISBN: 978-0-8297-4887-1

CATEGORÍA: Referencias bíblicas / General

IMPRESO EN ESTADOS UNIDOS DE AMÉRICA
PRINTED IN THE UNITED STATES OF AMERICA

09 10 11 12 ❖ 6 5 4 3 2 1

El mejor libro para leer es la Biblia.
El mejor libro para leer es la Biblia.
Si lo lees cada día,
te ayudará en la vida.
El mejor libro para leer es la Biblia.

—Tradicional

CONTENIDO

MATERIAL AL FRENTE

Primera parte
LA GRAN TRAVESÍA

Segunda parte
UNA VISION GLOBAL

El Antiguo Testamento

El Nuevo Testamento

MATERIAL EN LA PARTE POSTERIOR

MATERIAL AL FRENTE

Cada palabra de este prólogo te impide llegar al material fantástico que estás a punto de leer, de modo que seré breve.

Mi primer encuentro con la Biblia no se produjo por medio de la Escuela Dominical, los cultos de la iglesia ni los devocionales familiares. (Si tu trasfondo se parece en algo al mío, te preguntarás qué cosa son los «devocionales familiares».) Mi primera experiencia con la Biblia llegó a través de una maestra voluntaria de las Escrituras. Yo tenía dieciséis años de edad, y te aseguro que la religión era lo que menos me interesaba. Sin embargo, esta madre de mediana edad, con su aguda inteligencia y evidente pasión por las cosas espirituales, pudo cautivar mi atención de sabelotodo. Ella sabía a ciencia cierta que la mayoría de los que integraban su clase solo estaban allí porque la alternativa era la clase «no bíblica», que era supervisada por una maestra de verdad, una de las que de veras podría ocasionarnos problemas. No obstante, a ella no parecía molestarle dicha situación. Se mostraba desconcertantemente contenta al hablarles de su amada Biblia a los estudiantes más alocados y desinteresados.

Un día se atrevió a un poco más e invitó a toda la clase a visitar su casa, que estaba a corta distancia de la escuela, para participar de estudios bíblicos los viernes por la tarde. ¡Sí, cómo no! ¿A quién se le ocurriría ceder las tardes de los viernes con el único propósito de aprender acerca de la Biblia? Por lo menos a mí no. De modo que asistí por otros motivos: ella prometió un sinfín de hamburguesas, batidos de leche malteada y galletas. Ahora me doy cuenta de lo injusto de su proceder. ¿Acaso existe algún muchacho de dieciséis años que pueda resistirse a aceptar la oferta de comida ilimitada?

De modo que un viernes me aparecí en su casa con cinco o seis amigos, entre ellos Ben Shaw. Me nutrí de la comida que ella nos dio y me preparé para los inevitables «bibliazos». A decir verdad, ya nos había vencido por completo. Podría haber sido una bruja que tramaba convertirnos en tritones, y nada hubiéramos podido hacer para evitarlo. Comimos tanto que recuerdo haber pensado: *No me puedo levantar de este sofá.* Luego, en ese preciso instante, sacó la Biblia. No había escapatoria. Por lo tanto, presté atención, hice preguntas y pensé con detenimiento… cosas que no me venían de modo natural. Dicho libro y su personaje central tenían un no sé qué que se me metió en el alma.

Volví el viernes siguiente, y el siguiente y el que siguió a ese. Seguí asistiendo a las sesiones de Biblia con galletas durante los dos años siguientes. Algo había sucedido. Ese libro que nunca había poseído y que menos aun lo había leído, ahora… pues… había cobrado vida y me hablaba como si fuéramos viejos amigos. Me conocía a mí y a mi mundo. Me hacía promesas. Había empezado a cambiarme. Eso sucedió hace mucho tiempo; pero aún ahora, tras haber obtenido un par de títulos en teología e historia bíblica, y después de estar más de una década escribiendo sobre la Biblia y enseñándola, encuentro que este libro «viviente» me fascina, me intimida y me encanta; y más aun después de leer *Todo lo que quieres saber de la Biblia*.

Reconozco que mis intenciones al escribir este prólogo no son del todo puras. En primer lugar, me entusiasma el hecho de que mi nombre se asocie con un libro tan bueno como este. Pero, habiendo leído la obra de Ben y de Pete, me desilusiona que no sea mi libro. Tendré que conformarme con escribir esta pequeña parte del mismo. En segundo lugar, porque Ben y Pete son mis amigos, y ¡de qué sirve que seamos amigos si no podemos escribir el uno en el libro del otro! Tal vez cuando estos tipos sean ricos y famosos, escribirán prólogos para mis libros. En tercer lugar —y esta es la única razón que tiene importancia—, *Todo lo que quieres saber de la Biblia* es una obra introductora de primera calidad, un bosquejo general y una exposición de la Palabra de Dios, la Biblia. Pete y Ben le han hecho un enorme servicio a creyentes y espectadores por igual: han tomado complejas cuestiones históricas y teológicas en torno a la Biblia y las han contado en forma de gran relato; han tomado el elevado mensaje transformador de vidas de la Biblia y con fidelidad lo han representado en forma de bocados digeribles y a la vez veraces. Seas quien seas —cristiano nuevo o antiguo, ateo, dirigente de estudios bíblicos, estudiante de teología, maestro de las Escrituras o pastor—, te beneficiarás con este libro, y en especial porque al llegar al final, estoy seguro de que descubrirás que estarás extendiendo tu mano para alcanzar ese otro libro con el deseo de sondear sus profundidades tú mismo.

Por lo tanto, con una combinación de sentimientos encontrados de celos por un lado (por no haber escrito yo este libro primero), y de entusiasmo por el otro (sabiendo lo que estás a punto de leer), te dejo en manos de Ben y Pete.

Rev. Dr. John Dickson
Sydney, Australia

Si vas a leer un libro como este, es importante que sepas algo acerca de sus autores, B. J. Shaw y P. D. Downey, alias Ben y Pete.

Un libro es una reflexión de la crianza, la educación, la experiencia y las creencias de sus autores. De modo que es probable que estés más predispuesto a confiar en nosotros como autores de un libro que trata sobre la Biblia si sabes que ambos estamos casados y que vivimos en casas de ladrillos ubicadas en el área de los suburbios, en lugar de ser raelianos que acaban de regresar de una interesante experiencia de secuestro en una nave espacial extraterrestre.

Lo importante es que ambos somos amigos cristianos en serio, cristianos de verdad y practicantes, no meramente cristianos como «la información que se da para efectuar el censo».

Ambos tenemos treinta y tantos años, nos criamos en las playas del norte de Sydney, Australia, y hace como veinte años que somos cristianos. En el plano teológico, venimos de una tradición evangélica centrada en el evangelio, lo cual significa que creemos que Jesús es «el camino, la verdad y la vida», que la Biblia es la Palabra inspirada de Dios, y que todos los cristianos deberían aprender a tocar la guitarra de doce cuerdas para que puedan obligar a todos los niñitos a cantar: «Dios dijo a Noé que habrá un diluvio-luvio…»

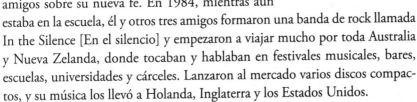

Ben

… nació en Vancouver, Canadá, pero se mudó para Australia varios años después. Se crió en Sydney y dedicó cada momento disponible a jugar deportes. Durante la escuela secundaria, él y unos cuantos amigos se convirtieron a Cristo al relacionarse con su maestra de Biblia, y empezaron a contarles a sus amigos sobre su nueva fe. En 1984, mientras aún estaba en la escuela, él y otros tres amigos formaron una banda de rock llamada In the Silence [En el silencio] y empezaron a viajar mucho por toda Australia y Nueva Zelanda, donde tocaban y hablaban en festivales musicales, bares, escuelas, universidades y cárceles. Lanzaron al mercado varios discos compactos, y su música los llevó a Holanda, Inglaterra y los Estados Unidos.

Luego Ben estudió teología, pero siguió viajando y haciendo presentaciones musicales con John Dickson, cantante principal de la banda. Después de completar la carrera de teología, empezó a trabajar como pastor adjunto en Roseville, Australia, donde cursó una maestría en Historia Antigua. Ahora trabaja en una iglesia en Wimbledon, Reino Unido.

Para distraerse, Ben juega críquet y fútbol competitivos, se deleita en cenar con sus amigos y tomar de vez en cuando una cerveza Guinness. El gran amor de su vida es su esposa, Karen.

Pete

… en distintas épocas ha sido director de jóvenes, supervisor de Escuela Dominical, líder de misión en las playas, maestro de estudios cristianos, predicador, dirigente de estudios bíblicos y empleado de estación de servicio, aunque bombear gasolina no lo ayudó para nada a escribir este libro. Tocó y salió de gira con una banda de rock cristiana llamada Priority Paid [Prioridad Pagada] durante diez años. Lanzó al mercado algunos discos compactos y se remontó a nuevas alturas desde el anonimato.

En el plano hogareño, Pete está casado y tiene tres hijas, a las cuales ama y adora, salvo cuando no cumplen con sus prácticas de piano. Tiene una furgoneta de ocho asientos y una guitarra Maton de color rojo cereza diseñada para zurdos. La versión bíblica que Pete prefiere es la Biblia de Estudio NVI (Nueva Versión Internacional), no solo por ser un aficionado al estilo de lectura fácil, sino porque esta, además de ser informativa, pesa varios kilos, lo cual hace que resulte de un valor incalculable en situaciones potenciales de defensa personal.

Ha obtenido una licenciatura, una maestría y un doctorado, y su trasfondo académico se desarrolla en el campo de la educación como profesor de inglés en la escuela secundaria. Si bien tiene un título en estudios bíblicos, se siente como un individuo que escribe libros sobre ingeniería automotriz pese a que solo ha trabajado a tiempo parcial en un tren de lavado de automóviles.

Pete ha publicado tres libros de gran éxito de ventas a nivel internacional sobre el tema del matrimonio y la crianza de hijos, un libro acerca de Jesús para la Sociedad Bíblica, y artículos para una variedad de revistas y publicaciones.

¿Te inspiramos confianza?

Muy bien. Solo te hace falta saber que somos unos tipos cristianos vagamente normales* que tienen pasión por la Biblia. Ambos opinamos que es el libro más asombroso, transformador de vidas, interesante, informativo, polémico y emocionante que uno pueda llegar a leer. Y ninguno de los dos nos ponemos calcetines con las sandalias.

> * Pete: Yo soy normal, y Ben es vago.

Este libro trata el tema de la Biblia. La Biblia es un libro importante… No, más bien, la Biblia es *el* libro importante. Si alguna vez terminas trasladándote a una isla desierta y solo puedes llevarte contigo un libro, pues ese libro no es otro que la Biblia, si bien optar por *El manual de supervivencia del náufrago* en una *isla desierta* obviamente constituiría una gran tentación.

La Biblia se ubica en una categoría literaria singular que está por encima y más allá de todos los demás libros. En las bibliotecas del mundo, está a la cabeza del montón, es el de mayor éxito entre los de mayor éxito de venta, el principal, el rey de la biblioteca, el supremo.

En su calidad de libro central de la fe cristiana, la Biblia es para el cristiano lo que un manual del fabricante para un fanático del automovilismo. Es el libro instructivo y la singular y más importante fuente de información, inspiración, sabiduría, aliento, enseñanza, consejo y consumo de combustible que un cristiano pueda obtener. La Biblia es la Palabra de Dios para nosotros. En ella leemos sobre quién es Dios, lo que ha hecho en el mundo y cómo podemos establecer una relación con él. Nos dice cosas respecto a su carácter que de otro modo no nos sería posible saber, y sin ella nunca llegaríamos a conocerlo. Es un libro que nos brinda información emocionante y singular sobre Dios, la historia, el mundo y nosotros mismos.

Todo gira en torno al personaje y al evento central de la historia, cuando el Hijo de Dios, Jesús, vivió entre nosotros en esta tierra. Todo tiene que ver con su vida, su obra, sus enseñanzas, su muerte a manos del gobierno romano, su regreso de la muerte y su aparición a un número de personas unos días después de este gran acontecimiento. Es por causa de Jesús que podemos llevarnos bien con Dios y establecer una relación con él para siempre. Eso es algo muy bueno (justamente por eso una de las traducciones de la Biblia se llama ¡Good News! [¡Buenas Noticias!]).

Por supuesto, *Cómo ganar amigos e influir sobre las personas* puede enseñarte a usar el nombre de alguna persona de tal modo que le cause verdadera impresión. *Sopa de pollo para el alma* puede contarte relatos cálidos y reconfortantes que te causen sentimientos dulces y tiernos. *Los siete hábitos de las personas altamente eficaces* puede enseñarte cómo desarrollar una mentalidad ganadora. Y *Cómo ser más interesante* puede enseñarte… este, pues… dime, ¿escuchaste ese acerca del pececito de colores y el…? Vaya, no tiene importancia. No obstante, si bien estas pautas para la vida tal vez puedan brindarte ayuda en una reunión de negocios, en una primera salida con una muchacha o en una crisis emocional, todos son de segunda categoría, pálidas imitaciones cuando se comparan

> La Biblia es el libro instructivo y la singular y más importante fuente de información, inspiración, sabiduría, aliento, enseñanza, consejo y consumo de combustible que un cristiano pueda obtener.

17

con el supremo «manual del fabricante». Sí, la Biblia es un libro importante. Sin embargo, con frecuencia es incomprendido.

Un ejemplo que viene al caso: hace poco Ben se enfrascó en un debate con un tipo que pensaba que la Biblia no era más que una enorme colección de listas moralizadoras y reglas difíciles de cumplir (como por ejemplo: no bebas, no digas palabrotas y no envidies el burro de tu vecino o algo por el estilo) entre las que se intercalaban un montón de estúpidos cuentos infantiles acerca de gigantes, ballenas, diluvios y gente ciega que recuperaba la vista.

De inmediato quedó claro que dicho tipo no tenía la más mínima idea de lo que estaba hablando. Pero eso solo ocurrió porque obviamente no le había echado un vistazo a la Biblia desde los ocho años de edad.

Muchas personas tienen cierta opinión acerca de la Biblia, ya sea que la hayan leído o no. Por lo general, esa opinión está basada en un conocimiento armado con retazos, una amalgama de ideas y versículos aleatorios que han recopilado con el correr de los años: en las clases de Biblia han coloreado una hoja mostrando el dibujo de un muchacho que recibió como regalo una bella túnica y llegó a ser amigo del faraón; asistieron a una boda y escucharon la expresión de que el amor es paciente y benigno; en el funeral de un tío se mencionó algo relativo a ser polvo y volver al polvo; vieron la película *El Príncipe de Egipto* de dibujos animados realizada por Dreamworks; conocen una canción que tiene un coro pegajoso, cuya letra dice: «Gira, gira, gira», y que al parecer, proviene de alguna parte del Antiguo Testamento; y para colmo, una vez, en un restaurante italiano, comieron de postre un helado de gelatina de manzana bañado en chocolate blanco llamado «La tentación de Adán». Con todos estos trocitos, arman un coctel de falsedades, y ¡en un santiamén! pasan a ser expertos en cuestiones bíblicas. Eso sería semejante a tomar en las manos *Las obras completas de William Shakespeare* y leer diez párrafos obtenidos de páginas al azar. Su comprensión sería superficial, por no decir algo peor. Muchas personas perciben la Biblia como un libro antiguo y carente de relevancia; un libro místico e imposible de descifrar; un curioso libro histórico que escribieron personas ignorantes y primitivas que ni siquiera tenían televisión por cable; un libro misterioso y anticuado de refranes sabios y cuentos improbables, que puedes dejar que se abra al tuntún para que tus ojos se fijen de inmediato en alguna dulce porción inspiracional que podrá ayudarte a sobrellevar el día. Para dichas personas, la Biblia es un material desconocido, un libro insondable que escapa a su experiencia y va más allá de su comprensión.

Sin embargo, tú no deseas ser así, ¿verdad? ¡Claro que no! Y es exactamente por eso que hemos escrito el presente libro.

Este ejemplar es un modesto (y un tanto impertinente) intento por:

Sí, la Biblia es un libro importante. Sin embargo, con frecuencia es incomprendido.

1. Contarles a los lectores todo lo concerniente a la Biblia
2. Darles un poco de información preliminar útil
3. Resumir lo que encontrarán entre tapa y tapa
4. Alentarlos y ayudarlos a leerla

Primera parte: *La gran travesía* proporciona un trasfondo informativo acerca de la Biblia: de dónde vino, quién la escribió, cuándo se escribió, de qué se trata, cómo logró llegar al siglo XXI y si acaso es cierto que los bagres tienen más de 27.000 papilas gustativas.*

Segunda parte: *Una visión global* ahonda en el contenido de la Biblia misma. Sin embargo, con un libro tan inmenso y complejo como este, una de las primeras preguntas que debimos responder fue: ¿cómo hacemos para presentarlo con sencillez?

Se nos ocurrió crear un capítulo por cada libro de la Biblia, pero eso resultaba demasiado fragmentado. (Imagínate cortar un pastel de manzana en sesenta y seis porciones.) A continuación se nos ocurrió dividir la narración en unidades de cien años cada una; pero son tantas las razones por las que esto resulta ser una idea tan estúpida que ni siquiera empezaremos a enumerarlas, y Pete lamenta tan siquiera haberla mencionado. Luego consideramos hacerlo por géneros literarios, como los de Historia, Sabiduría, Profecía, Evangelio, Epístola… Al cabo de un largo período de tentativas (que incluyó que Ben le ganara a Pete en una lucha a brazo partido), decidimos crear un mapa de la Biblia a fin de llevarte a través de los períodos y acontecimientos relevantes y los personajes clave de la misma. No obstante, antes de seguir adelante, hay tres cosas que deben quedar en claro:

Primero: este libro ofrece una perspectiva general que recorre la Biblia a gran velocidad. Es una introducción a la maravillosa riqueza, profundidad y diversidad de la Biblia, su pueblo, su tiempo y su historia. No se trata de un tomo académico. Algunas cosas que se mencionan aquí de pasada constituyen el tema de una tesis doctoral de cien mil palabras, o un libro tan gigantesco que se le podría usar como un gato para levantar tu automóvil a fin de cambiarle un neumático. Hemos tenido la habilidad de pasar por alto las cuestiones polémicas, los debates teológicos, los curiosos datos marginados, las fascinantes anécdotas historiográficas, los aspectos técnicos y las explicaciones detalladas, pues, de lo contrario, este alcanzaría el volumen de un conjunto de enciclopedias. En realidad, solo alcanzamos a dar un recorrido muy leve a través de la asombrosa Biblia con su teología, lingüística, geografía, historia y su pueblo.

La Biblia es increíblemente compleja, y somos los primeros en reconocer que este, nuestro humilde libro, es solo un tratamiento con tentempiés en lugar de ofrecer un banquete gastronómico. A decir verdad, al escribir el presente libro, tenemos mayor conciencia ahora de nuestras ineptitudes como eruditos de la Biblia que cuando empezamos. Cuanto más se sabe de la Biblia, más se sabe que hay *más* por saber de ella. Sin embargo, consideramos que este libro constituye un trampolín bastante aceptable desde el cual uno pueda zambullirse en la piscina de la Biblia a fin de nadar algunos tramos. De modo que si acabas de empezar a leerla, o si a tu conocimiento le hace falta una pulida, si piensas que Habacuc es una enfermedad infecciosa, o si sencillamente deseas un poco de lectura general, entonces es probable que este libro sea lo que te hace falta. En

*Sí, es cierto, pero eso no tiene nada que ver con la Biblia.

Cuanto más se sabe de la Biblia, más se sabe que hay *más* por saber de ella.

cambio, si eres un estudiante de teología que debe escribir un ensayo sobre el uso de verbos hebreos en la literatura profética del Antiguo Testamento, debería darte vergüenza. Vé y dedícate a la lectura de verdad.

Segundo: ten en cuenta que este libro es apenas una introducción a la Biblia, y que de ninguna manera debe reemplazar la lectura de la Biblia misma. Si has viajado al extranjero, es probable que hayas comprado una guía de orientación que te ayude a trasladarte de un lado a otro. Esas guías resultan muy explicativas y útiles, y a menudo contienen información esencial que incluye fotografías, al igual que frases importantes, como por ejemplo: «¿Dónde están los pasteles?» y «Su suegra es muy bella». Ahora bien, a ti no se te ocurriría sentarte en casa y leer una guía de orientación para divertirte. Su único valor reside en el hecho de que vierte luz sobre las ciudades extranjeras, te ayuda a explorar las calles y las pastelerías, y te permite llevarte bien con cualquier suegra con la que puedas toparte. Lo mismo se aplica a este libro. Ojalá te ayude a explorar las páginas de la Biblia con mayor confianza y conocimiento. No se trata de un libro para leerlo como un fin en sí mismo; no, nuestra meta consiste en aportarte la visión general acerca de lo que ella es, cuándo se escribió, quién la escribió, cómo se recopiló y qué es lo que nos dice. Tenemos la esperanza de que puedas leer la Biblia con mayor claridad, confianza y comprensión, y permitas que sus palabras ejerzan una gran influencia en tu vida.*

Y lo que se espera es que llegues a entender que la Biblia no es un volumen descabellado, místico, antiguo e irrelevante, sino el libro más fascinante, ameno y transformador de vidas que jamás podrás leer. Sus historias de gracia, perdón, dolor, amor y salvación son cautivantes. Sus palabras de sabiduría, poderosas. Sus enseñanzas, asombrosas. Su gente, inspiradora. Su acción, emocionante. Su mensaje, desafiante. Y lo que te cuenta acerca de su tema principal —Jesús— te cambiará la vida. Por eso no exageramos al decir, sencillamente, que no existe nada que se le parezca. Es un libro importante que resulta igual de relevante hoy que cuando los autores originales apoyaron por primera vez sus dedos en el teclado… o si prefieres ser quisquilloso, apoyaron sus implementos de escritura sobre un cuero de becerro desplegado.

Una palabra de advertencia: Pese a sus temas de amor y perdón, la Biblia no siempre es un libro de sensaciones placenteras. Algunas partes resultan bastante agresivas y chocantes. Hay mucha violencia, guerra, muerte y justicia severa. Es posible que sientas un desafío concerniente a tus palabras, pensamientos y acciones. Es posible que leas cosas que te incomoden y que no te cuadren con la imagen que tienes de Dios o de lo que ella trata. Algunas cosas parecen injustas. Otras tal vez te cueste trabajo entenderlas. Algunos de los grandes héroes de la Biblia hacen cosas terribles y presentan defectos del carácter bastante relevantes. Algunas de las enseñanzas de Jesús son difíciles. La Biblia no anda con miramientos. No te confundas, la Biblia es un libro serio. Trata con cosas serias.

Tercero: en realidad, Ben no le ganó a Pete en una lucha a brazo partido en absoluto.

Nuestras familias

Gracias a Karen, Meredith, Rachael, Georgia y Matilda. Escribir un libro exige que uno se pase mucho tiempo alejado de la familia y sentado frente a la pantalla de una computadora. Gracias por su apoyo y por mantener expresiones de interés, aun cuando escuchaban que se les leía la misma porción por décima vez.

Nuestra junta de consejeros y amigos

Escribir un libro acerca de la Biblia resulta bastante intimidante. En varias ocasiones, durante el trayecto entre el concepto y el resultado final, convocamos a un equipo de sabios consejeros y amigos generosos para darnos a conocer sus reacciones, comentarios, críticas, guía, corrección de pruebas y consejos. Gracias por darnos el visto bueno (o no) con respecto a nuestras diversas ideas y capítulos, y por tolerar con humor y gracia los aislados pensamientos estrafalarios y errados. Gran parte de este libro se debe a ustedes: Phil Andrew, Pat Antcliff, Ric Bollen, Peter Bolt, John Burns, Michael Frost, Steve Liggins, Simon McIntyre, Mick Martin, Julie Moser, Ken Moser, Phil Pringle, Bill Salier, Sue Salier, Mark Scott, Gavin Shume, Al Stewart, Andrew Tyndale y Graeme «Ojo de Águila» Howells. Ninguno de ellos vio el resultado final antes de que se imprimiera, de modo que cualquier herejía que se encuentre aquí es nuestra.

Nuestros maestros

A lo largo de los últimos veinte años, ambos hemos tenido el privilegio de aprender de grandes maestros, predicadores, líderes, oradores y amigos. Ellos son personas cristianas que nos han impartido sus enseñanzas de la Biblia en la escuela, la universidad, los campamentos, la misión en las playas, las extensiones de ministerios, los conciertos, los estudios bíblicos, los cultos en la iglesia, los desayunos, las fiestas caseras y en los hogares. A ustedes, la multitud de personas anónimas, gracias por infundir en nosotros el gozo en la Biblia, en Jesús y en la vida cristiana.*

Nuestro equipo de producción

Agradecemos a nuestro equipo original de producción, o sea, a Mamie Long y Anthony Wallace, y a John Dickson —autor, evangelista, esposo, papá y ejecutante de *didgeridoo*—** por escribir el prólogo. (Y gracias, John, ¡por no escribir este libro!) Gracias al equipo de Zondervan: a Stan Gundry por arriesgarse con estos muchachos nuevos; a Katya Covrett por descubrirnos; a Brian Phipps y a Lynn Wilson por ayudarnos a navegar en las aguas del estilo del Atlántico medio. Y a Ron Huizinga y a Tracey Walker por su trabajo en la tapa y en el diseño interior.

* Pero esta lista no incluye a Ken, quien cierta vez en un campamento le afeitó las cejas a Pete.
** Un instrumento musical aborigen que se fabrica con un tronco ahuecado.

Primera parte
La gran travesía

Intenta responder a esta breve prueba.

¿Qué es?

- Es un libro, un éxito de ventas el cual la mayoría de los habitantes del planeta en algún momento ha leído o al menos le ha echado una ojeada casual.

- Ha llegado a un sinnúmero de personas con sus percepciones e información.

- Abre puertas y nos cuenta bastante sobre nosotros y sobre nuestro mundo.

- Se le encuentra prácticamente en todas las bibliotecas del planeta.

- Se le consigue en treinta y siete traducciones a idiomas extranjeros.

- Las ventas de este libro son fenomenales y ascienden a un total que se aproxima a los cien mil millones de ejemplares a nivel mundial.

¿Y cuál es el nombre del libro?

¿Qué dijiste? ¿La Biblia? Lo lamento, no. Estás equivocado. No pases por el casillero de entrada. No cobres doscientos dólares.

Se trata en realidad del libro *Récords Mundiales de Guinness*. Ahora bien, *Guinness* es un libro muy leído y tiene unas cifras de ventas bastante impresionantes. Y también contiene información que cambia la vida, como el hecho de que en 1998 un tipo despidió por un orificio nasal una tira de espagueti de diecinueve centímetros.* Sin embargo, en todas las escalas mesurables, *Guinness* no es nada si se le compara con el libro de mayor éxito de ventas del mundo, que es, el que ya sabes… aguarda un momento… ¡fanfarria de trompetas, por favor! (ta-tata-ta, ta-ta-ta-taaaa)… **la Biblia.**

Se ha traducido a más de dos mil doscientos idiomas y dialectos. Como punto de comparación, las obras de William Shakespeare se han traducido a solo cincuenta idiomas. Las Sociedades Bíblicas actualmente trabajan en más de doscientos países y producen traducciones en casi quinientos idiomas

* Unas siete pulgadas y media para los que no están acostumbrados a medidas métricas.

25

nuevos. Distribuyen más de quinientos millones de Biblias y de porciones bíblicas por año.

A lo largo de los últimos veinte años, se han imprimido más de cien millones de ejemplares de la Good News Bible [Biblia Buenas Noticias]. En China solamente se distribuyen casi 2,5 millones de Biblias por año. Pese al uso de antiguos modos de expresión del idioma inglés del siglo XVII, se venden trece millones de ejemplares de la Biblia King James todos los años, sin contar con el montón de versiones más que salen de las librerías de todo el globo terráqueo cada segundo de cada día.

Durante los últimos dos siglos, se calcula que se han impreso cinco billones (sí, mis amigos, no miles, ni millones, sino *billones*, o sea, un cinco seguido de doce ceros) de Biblias. ¿No te encantaría ser la casa editora que firmó el contrato de esa publicación?

Estas cifras resultan bastante asombrosas. A decir verdad, son tan grandes que resultan casi incomprensibles. Por lo tanto, considéralo de esta manera: durante más o menos los últimos doscientos años se ha vendido una Biblia cada pocos segundos de cada minuto de cada hora de cada día. Al mismo ritmo de ventas, el libro *Récords Mundiales de Guinness* se habría agotado al cabo de unos pocos años

Si apilaras dichas Biblias una encima de la otra, tendrías una torre de setenta y ocho mil kilómetros de altura.* El trasbordador espacial, desplazándose a toda máquina, se demoraría más de dos horas en llegar a la cúspide de esa torre; y si esta alguna vez se cayera, de un golpe desviaría a la Tierra de su órbita e iniciaría otra era glaciar.

O imagínalo de esta manera: si acomodaras todas esas Biblias en una hilera de punta a punta tocándose los extremos, pues… digamos que darían varias vueltas a la Tierra y luego harían una autopista de tres carriles asfaltada de Biblias subiendo por el monte Everest, por el solo hecho de estar allí. Pero lo sorprendente de la Biblia va más allá de meras cifras de ventas. Es un libro imponente que ha causado un efecto fundamental en la formación de nuestro mundo. Durante casi dos mil años, ha influido sobre miles de millones de personas, ya sea de forma indirecta como fundamento de la ley y la moralidad de algún país, o de forma directa como manual de orientación personal para la vida, tanto en el aspecto físico como el espiritual.

A la mitad de las personas que conoces, probablemente le pusieron el nombre de algún personaje bíblico, como por ejemplo: Mateo, Marcos, Lucas, Juan, Pablo, Daniel, Sara, Eva, Adán, María, Jesús, Raquel, Elisabet, Rebeca, Débora, Miguel, Zacarías, José, Josué (si vive en algún país hispano); y para colmo, ¿quién no conoce al menos a un Haher Salal Jazbaz?

• Ningún otro libro siquiera se le aproxima.
• Ningún otro libro se considera en tan alta estima.

> La Biblia es un libro imponente que ha causado un efecto fundamental en la formación de nuestro mundo.

- Ningún otro libro se ha contrabandeado en tantos maleteros de automóviles al cruzar fronteras peligrosas.
- Ningún otro libro aparece con tanta frecuencia en la gaveta superior de las mesas de noche en los cuartos de hoteles.
- Ningún otro libro ha sido tan ampliamente estudiado (salvo *Orgullo y prejuicio* quizá).
- Ningún otro libro ha causado tanto debate y polémica.
- Ningún otro libro se ha usado tanto para «jurar» con la mano puesta sobre él en las salas de los tribunales.
- Ningún otro libro ha sido tan incomprendido por personas que nunca lo han leído.
- Ningún otro libro ha logrado que tantas personas se rijan por sus normas de vida.
- Ningún otro libro ha sido la causa de que tantas personas murieran por él.

La Biblia nos muestra cómo estar relacionados con Dios.

Lo cual nos deja con una sola pregunta: ¿Por qué? ¿Por qué la Biblia es tan popular, tan traducida, tan ampliamente leída y tan ampliamente publicada? ¿Será porque sus páginas son buenas para fabricar cigarrillos? No lo creo. ¿Por causa de sus ilustraciones? No, porque todos saben que las historietas cómicas de Phantom tienen las mejores ilustraciones.

Es porque la Biblia nos habla de Dios. Si resumiéramos la Biblia a su mínima expresión (lo cual requeriría una enorme lupa para leerla), si con un mortero la redujéramos a una sola definición, esta sería la siguiente:

La Biblia nos muestra cómo estar relacionados con Dios.

Lo cual es el tema más importante y más emocionante de todos los tiempos. Ya se verá más de eso en los capítulos siguientes.

Nosotros, Ben y Pete, somos orgullosos dueños de Biblias gastadas y viejas, cuyas páginas están sueltas, y sus tapas ya hasta cuelgan. Las recibimos cuando teníamos unos dieciséis años, de modo que estamos un tanto apegados a ellas con matices de nostalgia.* Ambas Biblias están cubiertas de cuero negro veteado y en la tapa llevan impresas tres palabras: *La Santa Biblia.*

> * Ben: En especial Pete. Dada su edad, ¡su Biblia es mucho más vieja!

Los nombres a menudo tienen significado. *Ben*, por ejemplo, significa «hijo de la mano derecha», y *Peter* significa «roca». Pero, ¿qué significan las palabras *La Santa Biblia*? Antes de siquiera abrir el libro, observemos estas tres palabras.

La

Según el diccionario de la Real Academia Española, *la* es la forma femenina del artículo definido y, en la definición de artículo definido, aclara que es «el que principalmente sirve para limitar la extensión del nombre a entidades ya consabidas por los interlocutores».

Tal vez digas: «¿Y qué?»

Una cosa que podemos deducir de todo esto es que, por ejemplo, al decir: «*el* rey, Elvis Presley», eso implica que como este rey no hay otro. Elvis no fue *un* rey; fue *el* rey del rock'n'roll. La Biblia es *la* Biblia a diferencia de una Biblia. Claro, existen traducciones a diferentes idiomas, pero ellas siguen siendo *la* Biblia. No es posible entrar a una librería y decir: «Oiga, ¿tiene una Biblia, esa donde no muere Jesús, sino que llega a ser un exitoso marinero con su propia tripulación mediterránea? ¿No? Esteee… ¿y qué me dice de esa donde Noé descubre terrenos de cultivos en la Mesopotamia?» No existen muchas Biblias. Solo existe *la* Biblia.

Santa

Si algo es *santo*, es especial para Dios. Se le considera sagrado y apartado para una tarea especial. Le pertenece a Dios y es de gran valor espiritual.** La

Biblia no es cualquier libro; es un libro *especial* que viene de parte de Dios. Sus escritos se consideran reveladores, sagrados e importantes.

La Biblia nos ayuda a comprender lo que somos, para qué estamos aquí, cuál es nuestro propósito y en qué consiste el futuro. Es un libro de genuina verdad que puede cambiarnos la vida como ninguno otro. *Eso* no lo podrás encontrar en ninguna revista que trate el tema sobre estilos de vida.

> La Biblia es el incomparable libro especial de Dios.

Biblia

Algunas personas piensan que la palabra *Biblia* es algún tipo de nombre misterioso y especial. No es así. La palabra *Biblia* proviene de la traducción latina de la palabra griega **biblia**, que sencillamente significa «libros». El singular **biblos** («libro») fue el nombre que se le dio a la cobertura exterior de un junco de papiro, que se usaba en Egipto como material de escritura. Al llegar el segundo siglo d.C., los cristianos usaban esta palabra para describir sus escritos especiales. Es la misma raíz de donde viene la palabra *bibliografía* (la cual es una lista de libros), y *bibliófilo* (o sea, una persona amante de los libros). No obstante, de la palabra *biblos* no se deriva la palabra *biberón*, que es un utensilio con el que se da leche a los bebés, y no tiene nada que ver con Dios ni con libros ni con nada por el estilo.

Según el uso contemporáneo, una «biblia» es un libro que tiene autoridad, y del cual no se puede prescindir. La gente se refiere al libro de *riffs* (fraseos para guitarra) de Jimi Hendrix como «la biblia del guitarrista», o al manual del Sendero de los Apalaches como «la biblia del campista». Algunos libros hasta incluyen la palabra *biblia* en su título, a fin de que suenen importantes, como *La biblia del consumidor: Una guía de productos domésticos no tóxicos*, o *La biblia de la supervivencia: Cómo sobrevivir a un invierno nuclear*. Pero seamos realistas, estas no son más que biblias tontas.

De modo que ahí lo tienes. La Santa Biblia es *el incomparable libro especial de Dios.*

¡Vaya! Y ni siguiera hemos pasado de la tapa todavía, y allí, por supuesto, es donde se encuentra todo el valioso.

Muy bien, ya hemos pasado la tapa y hemos entrado al índice. Dos cosas se hacen evidentes de inmediato:

- La Biblia está dividida en dos secciones principales: el Antiguo Testamento y el Nuevo Testamento.
- La Biblia se compone de sesenta y seis porciones individuales de escritos (llamados «libros»), algunos de los cuales tienen títulos con sonidos foráneos y misteriosos.

Antes de seguir avanzando, observemos estas dos características.

Las dos secciones: el Antiguo Testamento y el Nuevo Testamento 66 Libros

Hay que reconocer que «El Antiguo Testamento» y «El Nuevo Testamento» no son títulos extraordinariamente creativos. Una moderna casa editora probablemente le hubiera puesto un nombre más emocionante a ambas partes de la Biblia, como por ejemplo: «Guerra y paz: La historia de Israel» y «Niño nacido en cobertizo salva al mundo». Pero al menos captas la idea de que la Biblia se compone de dos fragmentos: un fragmento más antiguo y otro más nuevo.

Las palabras *antiguo* y *nuevo* son bastante explicativas: *antiguo* significa «que ha existido durante largo tiempo» o bien «desde hace mucho»; y *nuevo* significa «de origen reciente».* La palabra *testamento* es una traducción del griego antiguo que se refería a un conjunto de escritos hechos por una persona o un grupo de personas que habían sido testigos de algo importante. De ahí la palabra *testificar*.

Otra manera de referirse al Antiguo y al Nuevo Testamento es «el antiguo pacto» y «el nuevo pacto». La palabra *pacto* sencillamente significa «acuerdo» o, si deseas ser muy coloquial, «trato».

> * Ben: De allí que pudiéramos decir que Pete es un hombre antiguo, y Ben es un hombre nuevo.
>
> Pete: O bien se podría decir que Pete es maduro, y Ben, inmaduro.

El Antiguo Testamento 39 Libros

El Antiguo Testamento se compone de los treinta y nueve libros más antiguos de la Biblia que dan testimonio de los acontecimientos anteriores al nacimiento de Jesús durante la época que denominamos a.C. (antes de Cristo) y dejan constancia escrita de ellos. Allí se describe el «antiguo trato» que había hecho Dios con los habitantes de la tierra a principios de la historia humana.

El Antiguo Testamento empieza con el origen del mundo y la creación de la raza humana; pero rápidamente se centra en los tratos de Dios con una familia en particular que, con el tiempo, se convertiría en la nación de Israel. Con el propósito de salvar a la raza humana, Dios hace un pacto, o un trato, con el pueblo de Israel, y sigue renovando dicho trato mediante unos cuantos líderes clave, como lo fue Moisés. Lo esencial del trato antiguo de Dios era que él sería el Dios de ellos y los bendeciría y les daría un lugar donde vivir. Y en reciprocidad, ellos debían honrarlo y ser un ejemplo para el resto del mundo a fin de que todos los pueblos llegaran a conocer y adorar a Dios. Dios dio reglas (o mandamientos) a los israelitas según las cuales debían vivir, y leyes relacionadas con una vida buena y la adoración.

Luego el Antiguo Testamento prácticamente sigue la historia y la vida religiosa de la antigua Israel, y cubre un período de mil quinientos años, aproximadamente desde el año 1900 a.C. hasta el 400 a.C. Durante dichos mil quinientos años, los israelitas pasan por buenos y malos momentos, mientras procuran guardar los mandamientos de Dios y honrar su trato. Sin embargo, a la larga se desvinculan y, de diversas maneras, dejan de cumplir con su parte del trato con Dios. En marcado contraste, Dios se mantiene fiel a los israelitas y cumple cada una de sus promesas.

La parte final del Antiguo Testamento cuenta las aventuras de unos cuantos mensajeros de Dios, o profetas, que andaban por diferentes lugares diciéndole al pueblo que dejara de hacerle caso omiso a Dios y que volviera a vincularse en el plan.

El Nuevo Testamento 27 Libros (4 Libros los Evangelios)

El Nuevo Testamento se compone de veintisiete libros que dan testimonio de los acontecimientos de la vida y el ministerio de Jesús, y de la difusión de la fe cristiana en el primer siglo de lo que llamamos la época d.C. (después de Cristo), y dejan constancia escrita de ellos. Describe el «nuevo trato» que empezó cuando Jesús apareció en escena.

Este trato no estaba reservado para una familia ni una nación específica, sino que era, y sigue siendo, para todo el mundo. El nuevo trato (según se describe en el Nuevo Testamento) significaba que el antiguo trato (tal como se le describe en el Antiguo Testamento) había terminado, y había empezado un conjunto de circunstancias completamente nuevo. Lo principal que se debe saber aquí es que por causa de la vida, muerte y resurrección de Jesús, cualquiera podía ser «amigo de Dios», no por cumplir un conjunto de mandamientos y leyes, sino por honrar a Jesús como Señor y Salvador. ¡Eso era

> Lo principal que se debe saber aquí es que por causa de la vida, muerte y resurrección de Jesús, cualquiera podía ser «amigo de Dios».

algo maravilloso! El Nuevo Testamento narra el inicio de este nuevo trato mediante cuatro libros (llamados Evangelios), que cuentan del nacimiento, la vida, las enseñanzas, los milagros y la muerte de Jesús. Los Evangelios también relatan cómo él volvió a la vida luego de ser ejecutado. Esto recibe el nombre de *resurrección*.

Jesús vivió y recorrió el mismo lugar del que leemos en el Antiguo Testamento, y sus viajes se circunscribieron a un área de unos ciento noventa kilómetros de largo por sesenta y cinco kilómetros de ancho.* La última parte del Nuevo Testamento se compone mayormente de cartas y correspondencia entre un importante líder cristiano llamado Pablo y las nuevas iglesias cristianas. En dichas cartas aprendemos mucho acerca de cómo se desarrollaba la vida en el primer siglo y de lo que significaba ser seguidor de Jesucristo, o si lo prefieres, ser «cristiano». Estas trataban temas tales como la fe, la persecución, el aliento, la unidad, las enseñanzas falsas, Jesús y la vida santa, por nombrar algunos de ellos.

A medida que los seguidores de Jesús se esparcieron por el mundo, ocurría lo mismo con el enfoque del Nuevo Testamento. Pablo viajó por toda la región mediterránea, a lugares que nos resultan conocidos en la actualidad, tales como Siria, Turquía, Grecia, Italia, al igual que las islas de Creta, Chipre y Sicilia.

Deuteronomio, Sofonías, Tito, etc.... ¿Qué... ?

La Biblia, pese a que se publica como un solo volumen y ocupa un lugar en tu biblioteca como cualquier otro libro, en realidad es más bien una antología.** Es una colección de sesenta y seis escritos de diversos tamaños, cada uno de los cuales recibe el nombre de «libro». Pero tal vez te sientas perplejo ante los títulos raros y poco comunes de esos sesenta y seis libros. No se llaman Libro 1, Libro 2, Libro 3, Libro 55, Libro 66 ni tienen algún otro nombre tan sencillo como esos. Más bien tienen títulos enigmáticos y poco conocidos como lo son Hageo, Job, 3 Juan, Apocalipsis y Levítico.

¿Qué es un *Hageo*?*** ¿Por qué hay tres *Juanes*? ¿Qué significan todos ellos? Nos resulta bastante conocido el uso de títulos para modernos libros, canciones y películas tales como: *el Titanic, La guerra de las galaxias, Grandes Expectativas, Rapsodia Bohemia, Harry Potter, Terminator, El Señor de los anillos, Mary Poppins y Yesterday*. Estos títulos nos aportan un marco de referencia sobre alguna obra y tal vez nos hagan saber de qué se trata. Con los títulos de la Biblia sucede lo mismo.

Algunos de los títulos están basados en el *contenido* del libro. Así que, por ejemplo, el libro de Éxodo nos cuenta sobre el éxodo (la partida) de los israelitas de la esclavitud en Egipto; el libro de Ester nos cuenta de una reina que ayudó a salvar a los israelitas en una época de turbulencias; el libro de Hechos

* Unas 120 millas por cuarenta millas.
** Lo que pasa es que Santa Antología no suena tan bien.
*** No, no se trata de un plato escocés de comidas asadas.

*La versión griega del Antiguo Testamento, que surgió alrededor del año 200 d.C.

relata los hechos (las obras, o quizá hasta las aventuras) de algunos de los amigos de Jesús al comunicar la noticia concerniente a este, nuestro Salvador; el libro de Lamentaciones es una recopilación de lamentos poéticos (expresiones de profunda pena) por causa de la destrucción de la ciudad de Jerusalén en el año 586 a.C.

Algunos de los libros derivan sus títulos de su *autor*. Así que, por ejemplo, el libro de Daniel lo escribió Daniel; el libro de Mateo lo escribió Mateo; el segundo libro de Pedro (2 Pedro) fue la segunda carta que escribió Pedro; el libro de Judas lo escribió… a estas alturas ya captas la idea. Algunos de los autores tienen nombres hebreos que nos resultan desconocidos a nosotros en el siglo XXI, como Habacuc, Sofonías, Malaquías y Nahúm. No se parecen mucho al nombre del vecino de al lado, pero igualmente son nombres de personas.

Algunos de los libros derivan sus títulos de *las personas a quienes iba dirigido originalmente el escrito*. Así, por ejemplo, el libro de Romanos es una carta de Pablo dirigida a la iglesia en Roma; el libro de 2 Corintios es la segunda carta de Pablo dirigida a la iglesia en Corinto; el libro de Tito es una de las cartas de Pablo, enviada a su amigo y colaborador —aquí no hace falta adivinar; estás en lo cierto— ¡Tito!

También notarás que algunos de los libros tienen un número en su título, como 1 Crónicas y 2 Crónicas, o 1 Pedro y 2 Pedro. A veces esto significa que se trata de dos documentos distintos. De modo que, por ejemplo, 1 Timoteo y 2 Timoteo son dos cartas de Pablo escritas en ocasiones diferentes a su amigo Timoteo.

Sin embargo, en algunos casos, el número que se le asigna al título es por una razón más práctica. Por ejemplo, 1 y 2 Samuel, originalmente conformaban un solo libro. Lo dividieron en dos los traductores de la Septuaginta,* probablemente porque era demasiado grande para caber en un solo rollo. Esto se parece mucho a la manera en que en las grandes ciudades se divide la guía telefónica en dos partes (A–K y L–Z) porque de otro modo nadie la podría levantar.

En la segunda parte del presente libro nos estaremos refiriendo a los distintos libros de la Biblia en forma detallada. Pero ahora respondamos la pregunta: *¿Quién escribió la Biblia?*

Hay muchas ideas falsas sobre quién escribió la Biblia. Algunas personas piensan que Dios le dio la Biblia a Moisés en tablas de piedra, acompañadas de cantidades copiosas de humo, fuego, nubes y cánticos de coros, al igual que sucede en las películas. Pero Dios no le dio la Biblia a Moisés.

Algunas personas piensan que Jesús escribió la Biblia o que, en el último de los casos, se la dictó a sus seguidores al recorrer la campiña del Mediterráneo vestido con una bata de baño blanca, mientras comía langostas y granadas. No. Algunas personas piensan que la escribieron unos viejos monjes aburridos, sentados en la habitación de un monasterio. Si bien los monjes hicieron copias de la Biblia (recuerda que no había fotocopiadoras en aquellos días), ellos no fueron los autores originales. Otros opinan que la escribió alguno de los grandes personajes de la Biblia misma, como lo pueden haber sido Adán, Noé o Serug, padre de Najor. Pero no fue así.

E incluso los cínicos hasta llegan a sugerir que la Biblia la escribió un grupo de cómplices, líderes de la iglesia del siglo XIII, con el fin de oprimir a las masas, echarles a perder la diversión a todos e inventar un montón de leyes a su antojo, y de esa manera propagar los valores de la clase media y mantener el control social. Otra vez se equivocaron. Entonces, ¿quién escribió la Biblia?

El hecho es que no hubo una persona específica que haya escrito la Biblia. Y a decir verdad, tampoco se escribió en el lapso de tiempo de una sola vida. Cuando nosotros escribimos el libro que ahora tienes en tus manos, tuvimos una idea, y luego nos sentamos ante nuestra computadora durante unos cuantos meses hasta que lo terminamos. Pero la Biblia *no* se escribió de esta manera. Los sesenta y seis libros que la componen fueron escritos por una multitud de autores, en un período que se extiende desde unos mil cuatrocientos años antes de Cristo hasta unos sesenta años después de su muerte. Recordarás por lo visto en el capítulo anterior, que estos libros se agrupan en dos secciones. Los treinta y nueve libros del Antiguo Testamento se escribieron entre el 1400 a.C. y el 400 a.C., mientras que los veintisiete libros del Nuevo Testamento se escribieron a lo largo de un período de sesenta años después de la muerte de Jesús.

> Los sesenta y seis libros que componen la Biblia fueron escritos por una multitud de autores, en un período que se extiende desde unos mil cuatrocientos años antes de Cristo hasta unos sesenta años después de su muerte.

Dado que el Antiguo Testamento se escribió hace tanto tiempo, existe cierta incertidumbre en cuanto a quién redactó algunos de los libros. Se piensa que Moisés escribió cinco de ellos, y que el rey David escribió muchos de los Salmos. Y que un gran número de individuos como Isaías, Jeremías y Oseas, entre otros, son los responsables de haber escrito algunas de las últimas partes del Antiguo Testamento.

En el Nuevo Testamento, un recaudador de impuestos llamado Mateo, un escriba llamado Marcos, un médico llamado Lucas* y un pescador mediterráneo cuyo nombre es Juan, escribieron los famosos cuatro Evangelios. Lucas también escribió luego una continuación de su Evangelio —el libro de Hechos—, el cual describe lo que les sucedió a los amigos de Jesús en los años posteriores a su muerte.

Un ciudadano romano, también judío, llamado Pablo, que experimentó una conversión dramática al cristianismo, escribió muchos de los libros del Nuevo Testamento. Otros libros fueron redactados por Pedro y Juan (dos de los discípulos de Jesús) y por dos hermanos de Jesús, Santiago (Jacobo) y Judas.** La mayoría de los autores llevaban vidas increíbles y a menudo inspiradoras, en períodos históricos que apenas podemos imaginar. Y lamentablemente, muchos de ellos sufrieron muertes horrendas por causa de su resolución de difundir la palabra de Jesús.

¡Los que escribieron estos sesenta y seis libros participaron en el proyecto literario más extenso, de mayor éxito, y a más largo plazo de la historia! Sin embargo, ninguno de ellos escribió la parte que le tocó con la intención de que con el tiempo esta se publicara como parte de una antología que es éxito de ventas y se llama *Santa Biblia*. ¡Ninguna casa editora les encargó que escribieran una obra «para una superproducción literaria que se extendería por siglos y sería un absoluto éxito de ventas!»

Ellos les escribían a pueblos específicos en escenarios históricos específicos sobre situaciones específicas. Sin embargo, a su vez, esas palabras hablan a todos los pueblos de todas las edades. Si bien algunos de los autores sabían que sus palabras llegarían a muchas personas, ni uno solo de ellos tuvo siquiera el más leve atisbo de noción de que unos miles de años después, personas de todo el mundo las estudiarían minuciosamente en el libro de mayor éxito de ventas de todos los tiempos.

Pese a que algunos escritores dejaron constancia escrita de acontecimientos bíblicos en forma de historias para que las leyera una amplia gama de personas, muchos no tenían idea de que sus escritos llegarían alguna vez a publicarse. A decir verdad, ¡la publicación, tal como hoy la conocemos, ni siquiera existía en aquel entonces! La mayoría de los escritos bíblicos son narraciones históricas. Algunos son recopilaciones de poesía, canciones y dichos sabios. Otros son

> Los autores de la Biblia escribían a pueblos específicos en escenarios históricos específicos sobre situaciones específicas. Sin embargo, a su vez, esas palabras hablan a todos los pueblos de todas las edades.

cartas, semejantes a las que le escribirías a un amigo o le enviarías a un grupo de personas por correspondencia electrónica en la actualidad.

Los libros se unieron muchos años después, para formar una sola obra, que es lo que ahora conocemos como *La Santa Biblia*, de manera similar a la recopilación en discos compactos de *la Historia del Rock*, que se compone de una amplia gama de canciones provenientes de diferentes bandas que han tocado través de muchos años.

Por lo tanto, para resumir: la Biblia es una recopilación de «libros» diferentes que escribieron en diferentes épocas autores diferentes de lugares diferentes en estilos diferentes y en idiomas diferentes con públicos diferentes y propósitos diferentes. Pero (sí, siempre hay un «pero») la Biblia tiene una característica singular. Aquí está resaltada en el próximo renglón, de modo que no lo podrás pasar por alto:

La Biblia tiene unidad.

Volviendo a nuestro ejemplo anterior, el compilado la *Historia del Rock* se compone de una selección al azar de canciones que de ninguna manera se relacionan entre sí. Otras canciones podrían reemplazarlas, y en realidad no se notaría la diferencia (salvo en el caso de clásicos como «Escalera al cielo» y «Rapsodia Bohemia»).

Sin embargo, los libros de la Biblia conforman un todo continuo, relevante y completamente unificado. Pese a que por momentos no están acomodados en orden cronológico, sí tienen coherencia los unos con los otros, y cada uno hace su aporte a fin de narrar una historia gigantesca cuya trama se va hilvanando de tapa a tapa. Se relacionan entre sí; unos aportan significado a otros, e incluso algunos intercambian referencias entre sí.

Imagínalo como un rompecabezas en el que cada pieza encaja con la otra. Cada pieza tiene su propio dibujo o diseño; no obstante, su valor pleno se torna evidente justo cuando se une con las demás a fin de formar la imagen global. Cada parte es de vital importancia para el cuadro general, y cuando se acomodan todas las piezas en su lugar correspondiente, se obtiene un cuadro del personaje central y más trascendental de la Biblia: Jesús. O imagínalo como una historia épica, en la que diferentes autores han contribuido con su parte a la narración general. O piensa en él como una sopa, con una variedad de vegetales y carnes diferentes en la que todo en conjunto… este… bueno, ya captas la idea.

Al combinarlos para conformar lo que conocemos como la Biblia, estos escritos revelan cosas acerca de Dios que de otro modo no las podríamos conocer, y brindan un relato general y magnífico de los tratos de Dios con el mundo y con su pueblo, desde la creación, pasando por el crecimiento y el desarrollo, las pruebas y tribulaciones de la nación de Israel, hasta llegar a la vida de Cristo y el comienzo de la iglesia cristiana.

> Sin embargo, los libros de la Biblia conforman un todo continuo, relevante y completamente unificado. Se relacionan entre sí; unos aportan significado a otros, e incluso algunos intercambian referencias entre sí.

> La Biblia fue escrita tanto por el hombre como por Dios. Es inspirada. Tiene autoridad. Es humana. Es divina. Lo cual hace que sea el libro más singular del planeta.

Si hemos de escribir un capítulo como este acerca de los autores de la Biblia, queda por cubrir una cosa muy importante… quizá la *más* importante. Verás: los autores de la Biblia contaban con un coautor secreto que los guiaba y trabajaba con ellos.

Dicho coautor inspiró a los diversos autores y, sin embargo, les permitió expresarse en su propio modo, dejando entrever su propia idiosincrasia literaria (sus emociones, idiomas, trasfondos, estilos de redacción y sentido del humor).

El coautor y compañero de redacción no fue otro sino Dios mismo. Por este motivo se dice que la Biblia es la «Palabra inspirada de Dios». Y como tal, tiene autoridad. Esta idea se comunica en la Biblia misma. Por ejemplo, Pablo escribió en una carta a Timoteo: «Toda la Escritura es inspirada por Dios y útil para enseñar, para reprender, para corregir y para instruir en la justicia, a fin de que el siervo de Dios esté enteramente capacitado para toda buena obra» (2 Timoteo 3:16-17). Y en otra ocasión, Pedro escribió en una carta diciendo que «tengan muy presente que ninguna profecía de la Escritura surge de la interpretación particular de nadie. Porque la profecía no ha tenido su origen en la voluntad humana, sino que los profetas hablaron de parte de Dios, impulsados por el Espíritu Santo» (2 Pedro 1:20-21).

¿Qué significa esto en términos concretos? Significa que los autores de la Biblia no lo inventaron todo porque se les ocurrió en ese momento. Dios los inspiraba a que escribieran, y por ese medio, él pudo revelar su persona, su voluntad y sus propósitos.

Por otro lado, eso no significa que Dios se apoderó del cuerpo de los escritores, como ocurre en alguna película de ciencia ficción de segunda categoría. No es que los autores se hayan puesto de repente tiesos, con los ojos en blanco y la mandíbula colgando floja, mientras sus bolígrafos se desplazaban misteriosamente a gran velocidad por la página dejando a su paso mensajes secretos de Dios; ni que al despertar a la mañana siguiente, viéndose frente a un manuscrito terminado y escrito de su propio puño y letra, se preguntaran: «Vaya, ¿de dónde salió esto?» No. De ninguna manera fue así. Lo que significa es que la Biblia fue escrita tanto por el hombre como por Dios. Es inspirada. Tiene autoridad. Es humana. Es divina. Lo cual hace que sea el libro más singular del planeta.

Se han hecho muchas películas acerca de la Biblia y de personajes bíblicos. Existen películas clásicas sobre Jesús que se presentan en la televisión cada Navidad y Pascua de Resurrección. Y también están las clásicas superproducciones con títulos fascinantes como *Sansón y Dalila, Los Diez Mandamientos, El manto sagrado, Ben Hur, La historia más grande jamás contada*, y un total de ciento setenta y cuatro minutos de otra titulada de modo poco creativo: *La Biblia*. En dichas películas, actores estadounidenses de piel bronceada y de mandíbulas perfectas, ojos azules y mirada penetrante juegan el papel de los personajes bíblicos buenos. En cambio, los personajes bíblicos malvados son interpretados por los actores británicos shakesperianos de acentos pronunciados y barbas puntiagudas, que dicen cosas dramáticas, como por ejemplo: «¡Sácalo de aquí, Darío!»

Cuando ves al actor estadounidense John Wayne interpretando el papel de centurión romano, diciendo entre dientes la frase: «Ciertamente este hombre era el Hijo de Dios», resulta fácil que uno se forme una idea subconsciente de que la gente que vivía en tiempos bíblicos hablaba inglés y que Jesús hablaba inglés, al igual que los discípulos y los romanos, y todos los personajes de alto vuelo del Antiguo Testamento, como Moisés, Daniel, David, Abraham, Noé, Adán y Eva; y, desde luego, hasta el mismo Dios. Uno no se percata de lo ridícula que resulta dicha idea, hasta que ve una película de la Biblia en *otro* idioma.

Una noche, muy tarde, Pete miraba televisión y se encontró con una vieja película francesa sobre Jesús. En cierto momento, Jesús vio que sus amigos se le acercaban por una calle polvorienta y les dijo: «¿Bonjour, ca va?» Pete se irguió de inmediato ante semejante absurdo. *¡Jesús hablando francés! ¡Qué ridiculez! ¡Caramba; Jesús no hablaba francés!* Pero a decir verdad, no resulta más ridículo que suponer que Jesús hablaba el español moderno.

Cuando Jesús caminaba por las calles, conversaba con amigos y predicaba sermones, hablaba la lengua local: el arameo. Si fueras a ver la popular película de Mel Gibson *La pasión de Cristo*, escucharías que en esta usan dicha lengua. Afortunadamente, la película tenía subtítulos en español.

> Resulta fácil que uno se forme una idea subconsciente de que la gente que vivía en tiempos bíblicos hablaba inglés.

El Antiguo Testamento se escribió casi por completo en una lengua que se conoce como el hebreo bíblico. La manera más fácil de escuchar cómo suena el **hebreo bíblico** es alquilando un DVD de *Viaje a las estrellas* y escuchando cómo hablan los *Klingons*. El hebreo se consideraba una lengua sagrada y especial, pero ya en la época de Jesús, esta se había vuelto una lengua un tanto perdida y anticuada para la persona común de la calle. Posiblemente se haya usado en las sinagogas, pero en realidad había pasado a estar bajo el dominio de los eruditos, tal como sucede hoy día con el latín.[12]

Por ejemplo, cuando Jesús leía el Antiguo Testamento (tal como lo hizo en Lucas 4:16-20), lo más probable es que haya leído en hebreo, y las palabras que leyó habrían tenido el aspecto siguiente:

בראשית ברא אלהי את השמי ואת האר

—Génesis 1:1 en hebreo

Pero si bien Jesús leía en hebreo, la mayoría de los habitantes locales que hablaban arameo no habrían tenido esa formación lingüística hebrea.**

Hubo una brecha de cuatrocientos años entre el Antiguo Testamento y el Nuevo Testamento. Y durante ese tiempo, sucedió algo que cambiaría de modo significativo las lenguas habladas y escritas de esa región.

Unos trescientos años antes de que naciera Jesús, un dirigente griego, Felipe II de Macedonia, dio el mando de su ejército a su hijo, Alejandro Magno. (Cuando se le dio el mando del ejército, en realidad no se había convertido en «Magno» todavía; en aquel entonces, sus amigos aún lo conocían como «Alejandro Mediocre».) Tal vez ya tengas una idea de quién era Alejandro si viste la polémica película épica de Oliver Stone, de ciento cincuenta millones de dólares, que lleva el título apropiado: *Alejandro*.

Alejandro condujo una agresiva campaña militar que logró la extensión del gobierno griego hasta que el Imperio Griego llegó a ser el más grande del mundo de aquel entonces. Desde todo el mundo de habla griega, los soldados aportaron sus propios dialectos griegos al crisol del ejército de Alejandro, siendo el dialecto ateniense particularmente influyente. Una nueva mezcla de griego empezó a surgir. Este, a su vez, fue adoptado y adaptado por las poblaciones locales hasta que esta nueva y dinámica variedad de griego se convirtió en la lengua habitual del comercio, la diplomacia y la administración en todas las regiones conquistadas. Esta nueva forma del griego, llamada *koiné*, pasó a ser el dialecto dominante a partir del cuarto siglo a.C.

Como muchos judíos ya no hablaban hebreo, comenzaron a aparecer traducciones griegas de los escritos del Antiguo Testamento. La Septuaginta, que significa «setenta» (llamada así por causa de la creencia tradicional de que setenta eruditos la habían traducido del hebreo al griego koiné), fue la más popular y fidedigna de dichas traducciones. Esta obra se llevó a cabo en la ciudad egipcia de Alejandría alrededor del 250 a.C. al 150 a.C. Pocos siglos más tarde, el griego seguía siendo la lengua dominante, y como tal, los escritos del Nuevo Testamento se redactaron en el griego koiné.

ORIGINALMENTERESULTABAMUYDIFÍCILLEERELIDIOMA-GRIEGO. Disculpen… no es que de repente hayamos pasado al idioma sueco. Nuestra intención era comunicar que originalmente resultaba muy difícil leer el idioma griego. Esto ocurría porque, al igual que en nuestra oración anterior, originalmente se escribía en letra mayúscula, sin puntuación ni espacios. Además (lo que no reviste particular importancia, pero resultaría interesante si te lo preguntaran en una noche cualquiera), el griego originalmente se escribía, como el hebreo, de derecha a izquierda. Luego, durante un período se escribía alternando la dirección: un renglón de derecha a izquierda, y el siguiente renglón de izquierda a derecha, como cuando se ara un campo.

AHCEREDAADREIUQZIEDÓIBIRCSEESOGEIRGLECA005LEET-NEMADAMIXORPAEDSED… Este… lo siento… intentémoslo una vez más. Desde aproximadamente el 500 a.C., el griego se escribió de izquierda a derecha, probablemente por una cuestión de comodidad, a fin de que los escribientes diestros no mancharan sus trabajos. Cuando Juan escribió su relato de la vida de Jesús en griego koiné, sus palabras habrían tenido un aspecto como este:

ΟΥΤΩΣΓΑΡΗΓΑΠΗΣΕΝΟΘΕΟΣΤΟΝΚΟΣΜΟΝΩΣΤΕΤΟΝ
ΥΙΟΝΤΟΝΜΟΝΟΓΕΝΗΕΔΩΚΕΝΙΝΑΠΑΣΟΠΙΣΤΕΥΩΝΕΙΣ
ΑΥΤΟΝΜΗΑΠΟΛΗΤΑΙΑΛΛΕΧΗΖΩΗΝΑΙΩΝΙΟΝ

—Juan 3:16 en griego

Para la mayoría de nosotros en la actualidad, el hebreo y el griego nos dan la impresión de que ratones con las patas manchadas de tinta han caminado por la página. Menos mal que la Biblia, desde entonces, se ha traducido a nuestro idioma actual, de modo que ahora la podemos leer y entender. Pero la forma en que la Biblia se tradujo, y aún se sigue traduciendo, constituye un gran tema en sí; por tanto, lo dejaremos para nuestro próximo capítulo.

Hagamos un pequeño ejercicio.

En unos renglones más, leerás una palabra. Es el nombre de un objeto. Cuando leas la palabra, cierra los ojos e imagina dicho objeto en tu pantalla mental.

¿Entendiste? ¿Listo?

Muy bien, aquí va. La palabra es *Biblia.*

Espero que no hayas pasado horas y que no te hayas quedado sentado allí con los ojos cerrados preguntándote qué hacer a continuación. Quizá deberíamos haberte dado instrucciones también para que abrieras los ojos al cabo de diez segundos y que siguieras adelante con la lectura. Sea como fuere, ¿qué imagen se te apareció en la mente? ¿Acaso se te representó un brillante disco de silicio de un milímetro de grosor que cabe en una mano? Es probable que no. Sin embargo, esa es exactamente la Biblia que nosotros (Ben y Pete) a veces usamos cuando buscamos versículos.

Si todavía no te has dado cuenta de lo que decimos, nos estamos refiriendo a la Biblia en CD-ROM. La metes en tu computadora y luego puedes tener acceso a capítulos y versículos, hacer investigaciones y muchas cosas más.

En cambio, es probable que te hayas imaginado un libro encuadernado en piel, sobre cuya tapa están grabadas con letras doradas estas palabras: *La Santa Biblia.* Pero lo interesante es que la Biblia no siempre fue un libro como ese de aspecto agradable y moderno. Cuando se iniciaron los escritos bíblicos, no existían libros como los que tienes ahora en el estante de tu biblioteca. A decir verdad, el papel, tal como hoy lo conocemos, no existía antes. Originalmente, los libros de la Biblia se escribieron usando diversos materiales antiguos.

El material más primitivo de escritura que se menciona en la Biblia es la **piedra**. Moisés recibió los Diez Mandamientos en tablas de piedra (Éxodo 24:12). Más tarde, en el libro de Deuteronomio (27:1-8), se dieron instrucciones de que las piedras fueran revocadas con cal o yeso para que luego se escribieran sobre ellas las palabras de la ley. Se piensa que el revoque producía una superficie sobre la cual resultaba más fácil escribir. En el mundo antiguo era una costumbre común erigir piedras en las que se inscribían mensajes importantes.*

> Originalmente, los libros de la Biblia se escribieron usando diversos materiales antiguos.

* Quizá el ejemplo más famoso sea la Piedra Roseta, una plancha de granito oscuro descubierta por soldados franceses en 1799, que tiene una inscripción en egipcio y griego en homenaje al faraón egipcio. Se cree que la escribieron sacerdotes egipcios en el 196 a.C., y ahora está en el Museo Británico en Londres.

Otro material duradero de escritura común en el mundo antiguo eran **las placas de barro**. Resultaba fácil hacer grabados sobre ellas cuando estaban mojadas, y eran prácticamente indestructibles cuando se secaban o se horneaban. Se han descubierto varios miles de placas de barro en todo el valle entre los ríos Tigris y Éufrates, en el área que ahora se conoce como Iraq.

Sin embargo, si bien tanto la piedra como el barro eran materiales que durarían mucho tiempo, no resultaban muy fáciles de utilizar. Eran abultados y pesados, y no servían de mucho si uno deseaba llevar unos versículos bíblicos en la billetera. ¡La gente se debe haber hartado de tener que transportar una carretilla llena de placas de barro cada vez que asistían a un estudio bíblico! Además, constituían peligros potenciales. Por ejemplo, si uno se quedaba dormido mientras leía en la cama, la placa apoyada en su pecho podía caer hacia delante y hacerle saltar un pedacito de diente.

En Egipto apareció el **papiro** como material de escritura popular y más fácil de usar. El papiro, de donde se deriva la palabra papel, es un junco que crece a orillas del río Nilo. El junco de papiro se cortaba en largas lonjas, las cuales se colocaban en capas verticales y horizontales alternadas. Al secarse las hojas, un azúcar natural que produce la planta adhería las capas formando un áspero y burdo material, precursor de lo que hoy se conoce como papel. Era fácil escribir sobre dicho material; era muy liviano y se podía unir a fin de crear rollos o páginas. Este papel primitivo dio buen resultado en el clima egipcio, pero no se adecuaba a climas mucho más secos o húmedos, donde se pudría o se desintegraba.

¡Pero aguarda, hay más! Las pieles de cabras y de ovejas, en forma de cuero curtido, constituían una superficie de escritura bastante corriente en el mundo antiguo. Sin embargo, no se te ocurra pensar en el cuero como el que hoy se usa para fabricar zapatos o chaquetas. Los cueros de animales, llamados **pergaminos**, eran muy finos. Las pieles se remojaban en agua de cal, se les quitaba el pelo raspándolas, y luego se secaban y se frotaban con piedra caliza y pómez. El resultado era una superficie de escritura fina y suave. El pergamino extra fino recibía el nombre de **vitela**. Desde aproximadamente el segundo siglo a.C., el pergamino y la vitela parecen haberse impuesto como el material preferido de escritura.

Toda esta plática sobre placas de barro y hojas de pergamino resulta aceptable cuando uno se refiere a una sola «hoja» o a un documento breve. Pero, ¿qué hacer cuando el documento es largo? No es posible andar cargando una caja de hojas sueltas. Hay que armarlas de alguna manera que tenga sentido. Los libros, tal como hoy los conocemos, no existían al escribirse la Biblia. Más bien, los documentos grandes se escribían en forma de rollo.

Un **rollo** consistía en una larga tira continua de piel de animal en la que se envolvían dos rodillos de madera. Empezando por el lado derecho del rollo (porque el hebreo se escribía de derecha a izquierda), el lector desenrollaba el

> Los libros, tal como hoy los conocemos, no existían al escribirse la Biblia.

rodillo en su mano izquierda y simultáneamente enrollaba el rodillo derecho, mientras leía la página que quedaba entre ambos rodillos.

Hay más de sesenta referencias en la Biblia al uso de rollos. La primera ocurre cuando a Moisés se le ordena que ponga por escrito en un rollo de cuero el relato de su victoria sobre el ejército amalecita (Éxodo 17:14). A Jesús se le describe leyendo del rollo de Isaías (sí, el mismo que es nuestro libro de Isaías del Antiguo Testamento) cuando fue a la sinagoga (Lucas 4:16-20).

Los rollos eran documentos que contenían información muy importante. Se les trataba con gran cuidado, y a menudo, se les sellaba para protegerlos, práctica equivalente que aún conservamos respecto a los libros importantes de hoy, que podrían guardarse en la vitrina de una biblioteca. En ese entonces, incluso tenían personas cuya tarea especial era cuidar los rollos en la sinagoga. Los rollos del mundo antiguo eran bastante largos. Podían medir casi un metro* de ancho. Uno de los Rollos del Mar Muerto —el Rollo del Templo— está parcialmente dañado, pero en su origen medía casi diez metros** de largo. (Explicaremos lo que son los Rollos del Mar Muerto en el próximo capítulo.)

Pero los rollos no eran fáciles de usar. Si uno estaba en el punto A al comienzo del rollo y quería llegar al punto B al final del texto, había que enrollar manualmente el rollo entero buscando la sección relevante. Si alguna vez has hecho un avance rápido por un video en busca de una escena específica, ya sabes el tiempo que consume y lo engorroso que esto puede resultar. Quizá esta dificultad fue la que llevó a las personas a buscar una forma más fácil de escribir y leer documentos largos. Alrededor del segundo siglo d.C., empezó a aparecer un nuevo tipo de formato. Aparece… el *códice*. Suena misterioso, ¿no es cierto? Pero, a decir verdad, es algo que ya te es conocido. Mira el libro que tienes en tus manos. Este es un ejemplo del formato códice: concretamente, una serie de páginas individuales apiladas una encima de la otra y encuadernadas por el lado izquierdo. Si te encuentras en el punto A al principio de un libro y quieres llegar al punto B al final, puedes llegar de inmediato. Imagínalo como un DVD (disco de video digital) en el que se puede realizar la función de seleccionar escenas para… bueno, ya entiendes cómo es.

Durante muchos cientos de años, las copias de la Biblia se escribían a mano. En esta era de computadoras personales, procesadores de palabras, fotocopiadoras y programas de computación que reconocen la voz, nos cuesta apreciar la enormidad de dicha tarea. Cada copia se reproducía meticulosamente, y a menudo escribas profesionales la decoraban de manera minuciosa. Era una tarea detallista que llevaba mucho tiempo. Y para colmo, si alguna vez se te moría el copiador, había que organizar un funeral además de buscar apoyo técnico. Sin embargo, a principios del 1400 se inició una revolución con la introducción de la primera industria de producción en masa: la impre-

> Aunque el *formato* de la Biblia ha cambiado, y seguirá cambiando, el *contenido* es el mismo. Es tan válida y relevante ahora como siempre lo fue.

Ni siquiera
podemos
imaginar qué
forma adoptará la
Biblia dentro de
quinientos años.

sión de libros. Las Biblias podían producirse con rapidez, y esta, en su nuevo formato códice, se extendió por el mundo como reguero de pólvora. Y así se ha mantenido a lo largo de cientos de años hasta un tiempo relativamente reciente con la llegada de la revolución informática. Ahora se puede conseguir la Biblia en disco compacto, o bien se la puede bajar de la Internet.

Piedra, barro, pergamino, vitela, papel, código digital… la Biblia por cierto a hecho un tremendo recorrido en lo que se refiere a su medio de entrega. Sin embargo, lo importante es notar que aunque el *formato* de la Biblia ha cambiado, y seguirá cambiando, el *contenido* es el mismo. Es tan válida y relevante ahora como siempre lo fue.

Ben tiene muchas Biblias, y una de ellas parece un cortaplumas. Tiene la misma forma y tamaño de este, y además, tiene un gancho como el de los bolígrafos para trabarla en su bolsillo. Dicha «Biblia» es en realidad un *ThumbDrive*, en el que Ben lleva todas sus Biblias electrónicas y sus programas de computación de la Biblia. Se enchufa directamente a su *laptop* [computadora portátil] por medio del puerto USB (Universal Serial Bus). Eso hoy resulta bastante moderno. Ni siquiera podemos imaginar qué forma adoptará la Biblia dentro de quinientos años, cuando ya no haya más árboles disponibles, ni más papel ni libros, y las computadoras personales sean tan anticuadas como las máquinas de télex. ¿Quién sabe cuál será el formato en el que la gente leerá la Biblia en ese entonces? Quizá sea mediante hologramas tridimensionales, o tubos de fibra óptica, o proyecciones de datos de cristal sostenidos con la mano, o pantallas de fichas con información personal implantada en forma subcutánea en el antebrazo.

Por insólito que pueda parecernos eso hoy, todavía resulta reconfortante saber que los lectores de la Biblia en el futuro sabrán, tal como lo han sabido durante los últimos dos mil años, que Dios amó tanto al mundo, que envió a su Hijo, Jesús, para que muriera por todos nosotros (Juan 3:16).

A estas alturas, tal vez te plantees algunas preguntas interesantes. Quizá algo así como: «Muy bien, la Biblia es una colección de sesenta y seis documentos escritos a lo largo de un período de mil cuatrocientos años, ¿no es cierto? (Cierto.) Y fue escrita por Dios y un gran número de autores humanos, ¿no es cierto? (Cierto.) Y casi todos esos autores nunca habían conocido siquiera a muchos de los otros autores, ¿no es cierto? (Cierto.) Y no tenían idea alguna de que sus escritos con el tiempo se incluirían en una sola publicación que se conoce como *La Santa Biblia*, la cual llegaría a ser el libro de mayor éxito de ventas de todos los tiempos, ¿no es cierto? (Cierto.) Y que Ben y Pete son expertos en historia, geografía, teología, arqueología y una gama completa de otras «ologías», ¿no es cierto? (Bueno, no exactamente. Pero por el momento, no nos inquietemos por eso.) Bueno, espera un momentito… ¿cómo todos esos escritos llegaron a unirse para formar la Biblia? Y ¿es cierto que una pulga puede saltar trescientos cincuenta veces el largo de su propio cuerpo? (¿Cómo se metió ese pensamiento allí?)»

A fin de responder a dicha pregunta (la que se refiere a la Biblia, no a la pulga), retrocedamos en el tiempo. Hace muchos años, antes de que existieran las computadoras personales, los teléfonos inalámbricos y las comidas rápidas; antes de los días en que Ben y Pete tocaban en bandas de música rock y tenían espantosos cortes de cabello;* por allá, antes de que existieran el Ford modelo T, los hermanos Wright, Enrique V, Marco Polo y Leonardo da Vinci; antes de que hubiera telescopio; antes del que el mundo tuviera forma de pizza; allá lejos en la era de los dinosaurios jurásicos; cuando el tiranosaurio Rex era el rey de los… Epa, demasiado lejos. Vuelve para delante, más adelante. Eso es… a la época en que un tal Jesús, hijo de José (también conocido como Hijo de Dios) crecía y aprendía su oficio de carpintero en un país caluroso y árido sobre la costa del mar Mediterráneo, concretamente, allá por la época que pudiéramos considerar como el año cero de nuestra era.

En aquel entonces, no existía una Biblia impresa tal como la que conocemos hoy. No solo pasarían más de mil años antes de que se inventara la imprenta, sino que ni siquiera habían sucedido la mayoría de los acontecimientos que se describen en el Nuevo Testamento.

> *Pete: ¡Oye, yo nunca tuve un corte de cabello espantoso!
> Ben: Ah, ¿no? ¿Cuándo fue la última vez que miraste tu foto de bodas, cabeza de chorlito?

Como conformaban una típica familia judía, los padres de Jesús —José y María (Pepe y Marucha, para los amigos)— de seguro lo llevarían a la sinagoga con asiduidad. Allí adorarían, orarían y escucharían lecturas de las Sagradas Escrituras de los judíos. Dichas Escrituras eran una colección de escritos, y cada sinagoga tendría sus propias copias meticulosamente escritas a mano. De niño, Jesús se habría sentado en la sinagoga a fin de escuchar selecciones de dichos escritos que se leían en voz alta. Más tarde, de adulto, sostuvo los rollos entre sus manos, leyó su contenido y enseñó en la sinagoga.

Ahora bien, he aquí lo interesante. Esa misma colección de escritos judíos de los cuales leyó Jesús, constituyen la misma colección de escritos judíos que tienes en la parte delantera de tu Biblia, rotulada: El Antiguo Testamento. «Nuestro» Antiguo Testamento ya existía como entidad individual hace más de dos mil años. Esto lo sabemos por tres razones principales.

Primera: hay una cantidad increíble de instancias en el Nuevo Testamento en que los escritores citan el Antiguo Testamento, de modo que resulta obvio que sabían de su existencia y les era conocido. Tal como lo dijimos, Jesús creció entre las Escrituras y las citaba con frecuencia.

Segunda: el Antiguo Testamento fue traducido al griego por un número de eruditos en Egipto más de doscientos años antes de que naciera Jesús.* Por lo tanto, sabemos que existía como entidad individual.

Tercera: dos años después de terminar la Segunda Guerra Mundial, un pastor que andaba con su bastón entre las cabras dio con una cueva cerca de Qumrán, un antiguo asentamiento en las costas al noroeste del mar Muerto. Dentro de la cueva, hizo el descubrimiento arqueológico del siglo… un descubrimiento digno de la película más cargada de acción de Indiana Jones. A lo largo de los siguientes nueve años, eruditos y arqueólogos registraron el área y descubrieron cientos de cuevas. Sorprendentemente, once de ellas (cinco eran naturales y seis creadas por el hombre) resultaron estar llenas de tesoros. El tesoro no se componía de rubíes, diamantes ni cofres cerrados con candados, de los cuales se desbordaban doblones de oro custodiados por un fiero esqueleto con un parche sobre el ojo; pero era un tesoro al fin. Las cuevas revelaron una multitud de vasijas de barro que contenían rollos de cuero y papiro bien conservados, e incluso uno que estaba hecho de cobre.

Estos Rollos del Mar Muerto resultaron ser una biblioteca, una colección completa del Antiguo Testamento (salvo el libro de Ester), y una determinación de su antigüedad revela que fueron producidos entre el 150 a.C. y el 50 d.C. Es probable que la comunidad judía de Qumrán haya sellado y escondido sus valiosos escritos en estas cuevas a fin de resguardarlos del avance de los soldados romanos alrededor del 70 d.C. Y allí permanecieron durante casi dos mil años.

Dirás: «¿Y qué? ¿Qué es lo que esto nos dice?»

*Véanse más detalles en el capítulo siguiente.

«Nuestro» Antiguo Testamento ya existía como entidad individual hace más de dos mil años.

Pues bien, confirma que el Antiguo Testamento existía como una colección de escritos en la época en que Jesús vivió, hace más de dos mil años. Y además, dichos escritos sagrados formaban parte de la vida diaria y de la sociedad de aquella época.

Alrededor del 100 d.C., un grupo de rabinos (líderes judíos) en Jamnia, Palestina, reconocieron formalmente los escritos como la versión oficial de la Biblia hebrea, que constituye lo que tú conoces como el Antiguo Testamento. El término que se usa para la versión oficial es el *canon.*

«Y entonces, ¿qué pasa con el Nuevo Testamento?»

Después de que el gobierno romano ejecutó a Jesús, circularon muchos relatos acerca de su vida y sus enseñanzas. Sus seguidores se extendieron alrededor de la región del Mediterráneo, y siguieron surgiendo congregaciones de «cristianos» por todas partes en lo que fueron las iglesias cristianas primitivas.

Los relatos de la vida, las enseñanzas, la muerte y la resurrección de Jesús —escritos por Mateo, Marcos, Lucas y Juan— se pasaban de mano en mano. Asimismo, las cartas de Pablo a diversas iglesias y ámbitos, en las que trataba cuestiones que tenían que ver con la enseñanza y la vida cristiana. Ya para el tercer siglo d.C., dichos documentos tenían amplia circulación, y los usaban las comunidades cristianas como escritos de gran importancia. Había, por supuesto, otros escritos por esa misma época que no se tenían en tan alta estima. También había otros documentos que trataban sobre la vida de Jesús; sin embargo, no se consideraba que tuviesen la misma autoridad.

Al llegar la segunda mitad del cuarto siglo d.C., en dos reuniones oficiales de obispos cristianos se reconoció (o se «canonizó») una colección de escritos en el Concilio de Cartago y el Concilio de Laodicea. Dichos escritos están en tu Biblia. Componen el Nuevo Testamento.

Ahí lo tienes. Luego de largos períodos de uso corriente, se sancionaron los diversos libros de la Biblia de manera oficial: en el 100 d.C. el Antiguo Testamento; y en el 363 d.C. el Nuevo Testamento.

Pero aun así, quedan preguntas sin respuesta.

Pasarían más de mil años antes de que un alemán llamado Juan Gutenberg se sentara una noche en la cama y dijera: «¡Eureka! ¡Se me acaba de ocurrir la idea de fabricar una máquina que imprimirá libros!»

Entonces, ¿cómo lograron dichas copias, escritas a mano en hebreo y griego, sobrevivir durante todo ese lapso de tiempo para luego llegar a los estantes de tu biblioteca en un volumen singular producido en masa casi dos mil años después?

Sigue leyendo, mi querido amigo, y todo quedará revelado.

Luego de largos períodos de uso corriente, se sancionaron los diversos libros de la Biblia de manera oficial: en el 100 d.C., el Antiguo Testamento; y en el 363 d.C., el Nuevo Testamento.

Durante su tiempo de existencia, la Biblia ha realizado una travesía increíble.

Históricamente ha prosperado durante más de veinte siglos mientras reinos, gobiernos y ejércitos, e incluso naciones enteras, han aparecido para luego desaparecer.

Geográficamente se ha extendido desde sus inicios humildes en unos pocos focos en las costas del Mar Mediterráneo hasta llegar a todos los rincones del planeta.

Lingüísticamente, desde su principio, usando lenguas antiguas desaparecidas desde hace ya largo tiempo, se ha proliferado hasta producirse en miles de idiomas modernos y dialectos.

Trágicamente nos ha llegado mediante un costo elevado, dado que un sinnúmero de personas han dedicado su vida, y han sufrido una persecución casi inimaginable e incluso la muerte, con el único propósito de permitirnos leer la Biblia en nuestro propio idioma.

La Biblia ha pasado desde su etapa de consistir en rollos de pergamino escritos a mano hasta la de convertirse en el libro más impreso, más ampliamente leído y más vendido en la historia de la humanidad. ¡Y todo esto sin haber contado con el beneficio de alguna compañía de relaciones públicas, alguna campaña de publicidad o algún equipo de producción en medios masivos de comunicación! Pero, ¿cómo sucedió todo esto? ¿Cómo la Biblia, en su recorrido, cruzó las barreras de los diversos idiomas?

Los primeros siglos

En esos primeros siglos después de la muerte de Jesús, el mundo se encontró con el mayor fenómeno de todos los tiempos, al menos desde que ese cometa enorme cayó en Manson, Iowa. La cristiandad salió de la región mediterránea como una onda expansiva ocasionada por... pues, piensa en el efecto que se produce cuando se deja caer un remolcador en una laguna.

Sin embargo, la travesía no siempre se dio sin complicaciones. Los cristianos —aún un grupo minoritario— sufrieron la más terrible persecución y hostilidad por causa de sus creencias. El gobierno romano se esforzó al máximo para mantener en secreto toda esa cuestión de los cristianos.

Nerón, el emperador sicópata, y sus gobernadores regionales se dedicaron, como cosa natural, a matar y torturar a los cristianos durante el primer siglo. Al llegar el año 200 d.C., el emperador Severo prohibió la propagación del cristianismo, y algunos cristianos fueron obligados a participar de ceremonias religiosas paganas.

La matanza de cristianos y líderes de la iglesia persistió, y para cuando llegó el cuarto siglo d.C., el emperador Diocleciano continuó el reinado de terror masivo, dado que esclavizaba a los cristianos haciéndolos trabajar en las minas, los ejecutaba, los torturaba, y los arrojaba a la cárcel o al circo romano junto con detestables gladiadores, o bien con bestias feroces más detestables aún. No obstante, pese a la persecución, el cristianismo y la Biblia siguieron avanzando por el mundo.

Sin embargo, las cosas mejoraron bastante cuando el emperador romano Constantino se hizo cristiano en el 312 d.C. Al año siguiente, junto con Lucinius Augustus, promulgó una ley que permitió la libertad religiosa y devolvió las propiedades robadas a los cristianos.

La Biblia se globaliza

Como podrás imaginarte, luego de cientos de años de represión, las «buenas noticias» del cristianismo irrumpieron en el mundo. Se propagaron rápidamente de una aldea a otra. Cruzando fronteras y mares, se adentraron en África; cruzando el Medio Oriente, se dirigieron por el norte hacia los estados rusos, y por el noroeste hacia Europa.

Con el paso de esta expansión, los seguidores de esta nueva religión quisieron tener acceso a sus documentos y escritos oficiales. Proliferaron copias escritas a mano de porciones de la Biblia y estas se usaron para la enseñanza y la adoración en las diversas comunidades cristianas de todo el mundo conocido.

Hay muchos idiomas en la tierra, y la tarea puede resultar un tanto difícil cuando alguien trata de enfrentarse a una lengua que no es la propia. Ben descubrió esto por las malas hace unos años. Como acababa de regresar de un viaje a China, decidió probar algunas de sus habilidades lingüísticas recién descubiertas, en un restaurante chino. Saludó a la camarera con un sonoro: «¡Nihau!», y en lugar de recibir como respuesta unas afectuosas palabras de chanza en chino, le sorprendió recibir un suspiro y una mirada glacial. Pasaron unos instantes incómodos.

Pese a la persecución, el cristianismo y la Biblia siguieron avanzando por el mundo.

—Señor —dijo la camarera en un clarísimo acento inglés—, este es un restaurante *coreano*. Demás está decir que Ben no regresó a dicho lugar desde entonces.*

La gente que vivía en esas comunidades cristianas primitivas también lidiaba con otras lenguas. No todos ellos tenían buen dominio del hebreo, el arameo y el griego.

Y así los escritos comenzaron su travesía hacia diversos lugares donde se hablaban otros idiomas. La Biblia avanzó hacia el sur adentrándose en África, empezando con una traducción egipcia (denominada «cóptico»), y a la larga entró a Etiopía y a Nubia. Mientras tanto, una traducción siríaca se afianzó en el norte y el este, propagándose hacia los futuros estados soviéticos del sur con traducciones al georgiano, el armenio y el antiguo eslavo.

En las regiones del norte y el oeste de Europa, el latín constituía la lengua común del Imperio Romano, y así fue como empezaron a aparecer traducciones al latín. Un erudito llamado Jerónimo consolidó las muchas traducciones que habían aparecido en esa lengua, en una traducción oficial al latín (denominada la *Vulgata*, que significa Biblia «común») hacia fines del cuarto siglo. Se trasladó a Belén para poder llegar a dominar las lenguas, y después tradujo toda la Biblia del griego, y luego el Antiguo Testamento del hebreo. Su proyecto tardó más de veinte años. Pronto la iglesia cristiana se solidificó, y la Biblia latina de Jerónimo se usó en toda Europa. A decir verdad, esa sería la Biblia dominante de Europa (incluso en Inglaterra) por un período de más de mil años. Al llegar el 500 d.C., partes de la Biblia habían sido traducidas a cientos de idiomas y dialectos. Y con el inicio del séptimo siglo, los cuatro Evangelios habían hecho el difícil salto lingüístico al chino, seguido de cerca por la traducción al árabe. Pero aún quedaba un largo camino por recorrer.

Surgen nuevas traducciones

Con la caída del Imperio Romano en el quinto siglo, el latín dejó de ser la lengua dominante y unificadora de Europa. Y a medida que se desvanecía en el olvido, todas las tribus regionales y los pueblos europeos reanudaron sus propios dialectos y lenguas. Entonces comenzaron a aparecer otras traducciones de la Biblia.

Los Evangelios aparecieron en el idioma alemán antiguo (denominado franco), mientras que en Inglaterra, porciones de los Salmos, los Diez Mandamientos, el Padrenuestro y pasajes de los Evangelios surgían en anglosajón. Uno de los traductores fue el monje benedictino, escritor y erudito Bede (el cual apareció también como un personaje en un episodio del programa televisivo *Dr. Who*). Otro traductor fue el rey Alfredo el Grande, quien, cuando no se dedicaba a luchar contra las invasiones danesas, se daba a la tarea de traducir con pasión literatura clásica e histórica.

*Pete: Gracias, Ben. Es un relato encantador. Recuerda que el tema de este libro es la Biblia. ¿Qué es lo que pretendes destacar?
Ben: Deja de ser tan impaciente. Es muy difícil trabajar contigo.
Pete: Disculpa. Es una excelente transición.

La verdadera explosión en la traducción de la Biblia ocurrió en el segundo milenio, concretamente entre los años 1300 al 1600 d.C.

Por otra parte, es interesante notar que más o menos por esta época —al inicio del sexto siglo— un abad italiano llamado Dionisio Exiguus comenzó el sistema de fechar, usando como punto de referencia el nacimiento de Cristo. Todo lo anterior a Cristo se contaba hacia atrás y se rotulaba «a.C.», lo cual significa «antes de Cristo», y todo lo posterior se rotulaba «d.C.», lo cual significa «después de Cristo».

Sin embargo, la verdadera explosión en la traducción de la Biblia ocurrió en el segundo milenio, concretamente entre los años 1300 al 1600 d.C. Lentamente la Biblia fue apareciendo en una variedad de lenguas europeas de uso común: el francés antiguo (provenzal), danés, polaco, español, italiano, serbio, checo, y hasta el islándico.

Pero en Inglaterra, la iglesia no logró mantenerse a la altura de los acontecimientos. Si bien desde hacía algún tiempo ya el latín no era el idioma de uso común, la iglesia se aferró a su versión latina de la Biblia y la usó con exclusividad. Los servicios eclesiásticos, las oraciones y la lecturas bíblicas se seguían conduciendo en latín, lo cual estaba bien para unos pocos líderes y eruditos altamente capacitados que lo podían leer y entender. Pero para el común de la gente, ese libro que se llamaba *La Santa Biblia* se leía en voz alta en un antiguo idioma extranjero y, como tal, resultaba totalmente incomprensible.

La revolución de la producción en masa

En el siglo XV, a un desconocido comerciante alemán, Juan Gutenberg, una idea empezó a darle vueltas en la cabeza. Al cabo de diez años había creado la primera industria de producción en masa del mundo: la imprenta de tipo móvil.

La nueva máquina maravillosa de Gutenberg inició una revolución que daría nueva configuración al mundo. Antes de esa época, los documentos o libros (incluso la Biblia) debían copiarse a mano, muchas veces con decoraciones detalladas en las páginas. Tal como podrás imaginarte, esto llevaba un tiempo fenomenal, y el proceso era caro, ineficiente y laborioso. Dado que dicho proceso requería una dedicación tan intensiva, las copias eran costosas; un solo ejemplar costaba el equivalente a seis años de sueldo de un obrero. En vista de que la máquina de Gutenberg lanzaba trescientas páginas por día, lo que antes demoraba un año, ahora podía realizarse en ese lapso de tiempo de veinticuatro horas. Esto preparó el terreno para que se lograra una producción de libros bastante rápida y en gran escala.

El primer proyecto de Gutenberg fue la Biblia en latín, lo cual le tomó seis años completar y se publicó en el 1456. Durante el transcurso de los veinte años siguientes, también se imprimirían Biblias en italiano, holandés, catalán (para España) y alemán. El invento de la imprenta constituyó un elemento de importancia fundamental en la travesía de la Biblia hacia las masas.

El invento de la imprenta, constituyó un elemento de importancia fundamental en la travesía de la Biblia hacia las masas.

Desde que el idioma español tuvo su propia identidad como una lengua nueva e independiente (más o menos desde el siglo XIII), podríamos contar unas cincuenta versiones de la Biblia.

La Biblia Alfonsina es quizás la primera de la que tenemos noticia. Hecha por encargo del rey Alfonso X el Sabio, vio la luz en el año 1280. Esta Biblia, que fue hecha del texto de la Vulgata Latina, formó parte de la Gran e general Estoria. Su español, aunque claro y elegante, muestra todavía una lengua en formación, con expresiones y formas propias de las lenguas que dieron origen a este idioma.

Versiones hechas directamente del texto original. Podemos contar al menos seis versiones castellanas anteriores al siglo XV, hechas directamente del texto original por traductores judíos; así como otras tres traducciones del Antiguo Testamento hechas de la Vulgata Latina.

Biblia del Duque de Alba. Es una de las versiones hechas directamente del hebreo y arameo hacia el año 1430, auspiciada por el rey de Castilla, Don Juan II. Se conserva en la biblioteca de su mismo nombre.

Versiones anónimas del Antiguo Testamento. Una de ellas apareció en el año 1420 y se le atribuyó al rabino Salomón. Otra completamente anónima que apareció en la misma fecha, no tiene el libro del Eclesiastés.

Primera Biblia impresa en catalán. Fue impresa en Valencia en el año 1478 y se le debe a Bonifacio Ferrer.

Nuevo Testamento de Francisco de Enzinas. Vio la luz en 1543 y fue dedicado y entregado al rey Carlos V. Lo que no le valió a su autor para no ser encarcelado, teniendo que huir posteriormente de España para escapar de las garras de la Inquisición.

La Biblia de Ferrara. Versión exageradamente literalista, hasta el punto de no entenderse su texto en español por estar apegado a las formas de los idiomas originales. Fue hecha por dos judíos portugueses y vio la luz en la ciudad de Ferrara en el año 1553.

Nuevo Testamento de Juan Pérez de Pineda. Este erudito autor publicó su traducción del Nuevo Testamento en 1556.

La Santa Inquisición y la traducción de la Biblia. El tiránico dominio de esta institución católico-romana prácticamente interrumpió todo trabajo de traducción de la Biblia, especialmente en medios católicos. Fue entonces cuando surgieron las grandes versiones en varias lenguas, fruto de la Reforma protestante, como la Biblia de Lutero (1522 NT. Y 1542 AT), la Biblia del Rey Jaime (King James 1611) y la Biblia que ha nutrido muchas generaciones de cristianos evangélicos, Reina y Valera. Las traducciones católicas debieron esperar hasta los siglos XVIII y XIX, cuando comenzaron a aparecer versiones de la Vulgata latina, tales como Scio de San Miguel (Valencia, 1791) y Félix Torres Amat (Madrid, 1823).

La Biblia del Oso-Reina Valera. Puede considerarse la primera traducción protestante de la Biblia en español. Su primera edición vio la luz en Basilea, Suiza, en el año 1569, y se le llamó «Biblia del Oso» por la figura de un oso recostado contra un árbol de madroño, que ilustra su portada. La traducción inicial de esta Biblia se debe al ex sacerdote de la orden de los Jerónimos, Casiodoro de Reina. Su publicación se hizo en Basilea (Suiza), debido a la persecución de la Inquisición en España. Cipriano de Valera, otro ex monje, revisó a fondo la versión de Reina y publicó su revisión en Ámsterdam en 1602. Desde entonces esta traducción se conoce como la versión Reina-Valera y ha sufrido innumerables revisiones, las últimas del siglo pasado en 1909, 1960, 1977 y 1995. A la familia de Reina Valera pertenecen la Reina Valera Actualizada, de la Editorial Mundo-Hispano, publicada en 1989, y la Nueva Reina Valera de la Editorial Emanuel (1990).

La Biblia de las Américas (1986), aunque no aparece como revisión de la Reina Valera, se asemeja mucho a esta en su lenguaje.

Versiones católicas de la Vulgata Latina. Ya hemos mencionado que la acción fiscalizadora de la Inquisición suspendió casi por completo la labor de traducción de la Biblia por varios siglos. Debemos esperar a finales del siglo XVIII y principios del siglo XIX para ver nuevas traducciones católicas de la Biblia, pero solo desde el texto latino de la Vulgata, que era la versión autorizada por la jerarquía católica romana.

Versiones de Scio de San Miguel (1790 a 1793) y Félix Torres Amat (1823 a 1825). Estas fueron las versiones de más uso entre católicos de lengua española por casi dos siglos, hasta que aparecieron las versiones hechas directamente de los idiomas originales: el hebreo, el arameo y el griego, a mediados del siglo XX. Posteriormente se descubrió que el trabajo de traducción de la Biblia atribuida a Félix Torres Amat había sido realizado en buena parte por el jesuita José Miguel Petisco.

La Versión Moderna (1893). Aunque de estilo duro, esta traducción ha sido reconocida como muy fiel a los originales de los cuales fue hecha.

Nuevo Testamento Hispanoamericano (1916). Una buena traducción que lastimosamente no fue de toda la Biblia. Su lenguaje es preciso y fiel al texto original, que la hace muy propicia para el estudio y la enseñanza.

Nácar-Colunga (1944). Eloíno Nácar y Alberto Colunga inauguran la época moderna de las traducciones bíblicas con esta versión directa de las lenguas originales. Con la encíclica Divino aflaute Spiritu, el Papa Pío XII abre las puertas de la iglesia católica al estudio científico de las Escrituras y consiguientemente a las versiones críticas del texto desde los originales hebreo, arameo y griego.

Bover-Cantera (1947). José María Bover y Francisco Cantera continúan esta nueva corriente de traducción bíblica publicando en Madrid en 1947 su Sagrada Biblia crítica sobre los textos hebreo y griego.

Biblia de Monseñor Straubinger (1948-1951). Publicada en Latinoamérica, con abundantes notas de mucha utilidad pastoral.

La Biblia de Jerusalén (1966). Hecha directamente de los idiomas originales, aunque sigue los parámetros de la Biblia en francés del mismo nombre, hecha por biblistas de la Escuela Bíblica de San Esteban en Jerusalén. Excelente traducción con notas muy valiosas.

Traducciones catalanas. Los monjes de la abadía de Monserrat se han empeñado en un trabajo gigantesco de publicación del texto bíblico con abundantes notas y comentarios en treinta y dos tomos, de los cuales hay ya veinte publicados. La Fundación Bíblica Catalana ha hecho un trabajo similar en quince volúmenes.

Biblia de la Universidad de Letrán, que en asociación con la Universidad Pontificia de Roma ha hecho una Biblia en tres tomos, publicada por Editorial Labor.

Biblia Latinoamericana (1972). De mucho uso y difusión, se considera una Biblia pastoral, aunque arguye que su texto es íntegro fiel. El autor y promotor de esta versión es Ramón Ricciardi.

La Biblia Herder (1975). Algunos la consideran una biblia interconfesional, ya que en ella participaron al menos dos biblistas evangélicos. La traducción fue dirigida por el padre Serafín Ausejo, en un español fresco y ágil.

La Nueva Biblia Española (1976). Hecha directamente de los idiomas originales, en un lenguaje fresco, aunque se hace a veces difícil por la búsqueda de lo novedoso. Es, sin embargo, una Biblia excelente hecha por los reconocidos biblistas Luis Alfonso Schökel y Juan Mateos. Sus notas son muy valiosas.

Biblia Interconfesional. Un proyecto ambicioso que se quedó solo en el Nuevo Testamento (1978), en el que participaron las Sociedades Bíblicas Unidas, la Biblioteca de Autores Cristianos (BAC) y la Casa de la Biblia en España.

Dios Habla Hoy (1979). Biblia conocida como la Versión Popular, que ejemplariza la bondades del sistema de traducción llamado de equivalencia dinámica. Su lenguaje busca transmitir el mensaje al lector común y corriente. Las Sociedades Bíblicas publicaron dos ediciones, una con los libros deuterocanónicos para públicos católicos, y otra sin los mismos, más para evangélicos.

Francisco Catera y Manuel Iglesias (1979). Realmente es una edición revisada y renovada de la Biblia Bover-Cantera. Edición crítica sobre los textos hebreo, arameo y griego.

El Libro del Pueblo de Dios (1980). Los sacerdotes Armando Levoratti y A. B. Trusso trabajaron en esta excelente traducción moderna, bella y sencilla de la Biblia. Básicamente, pensaron en una traducción para el pueblo argentino, pero es válida para todos los hablantes de la lengua española.

Biblia bilingüe (latín-español) en varios volúmenes, de la Universidad de Navarra, España. Iniciada en 1983, contiene buenos comentarios de profesores de esta universidad.

Biblia de la Casa de la Biblia, Madrid (1992). Realmente es una revisión muy completa de la edición de 1966, con amplias notas y excelentes introducciones. Existe una edición latinoamericana de esta Biblia con el nombre de la Biblia de América (1994).

La Biblia del Peregrino (1993). Realizada por Luis Alfonso Schökel y su equipo, basada en la Biblia de Schökel ya mencionada.

La Biblia al día (1979), que muchos la consideran una paráfrasis más que una traducción, ha tenido mucha acogida, especialmente entre gente sencilla que encuentra el texto de muy fácil lectura. Esta Biblia pasó a ser propiedad de la Sociedad Bíblica Internacional cuando se unió a la Living Bible International en 1992. Desde entonces, la Sociedad Bíblica Internacional ha revisado el texto de estas y otras Biblias al día, para ponerlos más de acuerdo con el texto original y corregir algunos errores de traducción. En el año 2006, la Sociedad Bíblica Internacional publicó el Nuevo Testamento de La Biblia al día revisada y en 2008, la Editorial Tomás Nelson, como parte de un acuerdo con la SBI, publicó el nuevo texto completo revisado de esta Biblia, que ahora se llama Nueva Biblia al día.

La Nueva Versión Internacional (1999). Preparada por veinte selectos biblistas latinoamericanos, de unos catorce países. Es una traducción directa de los idiomas originales hebreo, arameo y griego, en un lenguaje actual y utilizando las mejores técnicas de traducción bíblica contemporáneas de la equivalencia dinámica, cuando sea necesario para la claridad del lenguaje o de la equivalencia formal cuando es necesario o aconsejable. Esta Biblia fue patrocinada por la Sociedad Bíblica Internacional y pertenece a la familia de traducciones que con el nombre de New International Version, ha tenido gran acogida, aceptación y uso entre todos los públicos hoy en día, especialmente los protestantes y evangélicos. La Sociedad Bíblica Internacional en conjunto con la Sociedad Bíblica de España hizo una revisión de la NVI en castellano peninsular, que se publicó en el año 2005.

Cuando Pete era adolescente y asistía a las reuniones de un grupo de jóvenes cada viernes por la noche, jugaba un juego conocido como «Susurros chinos» (también conocido como «Teléfono descompuesto»). Él no tiene ni idea de por qué se le llama así, solo supuso que era porque a la gente de la provincia de Xiang no le gustan los ruidos fuertes.

Este juego funciona de la siguiente manera: todos se sientan en un círculo, y una persona deberá pensar una frase y susurrarla a la persona que está a su izquierda. Esa persona, a su vez, deberá susurrar la frase a la persona que está a su izquierda; y así sucesivamente hasta que el mensaje susurrado haya recorrido todo el círculo, llegando de nuevo a la persona que lo dijo primero.

El objetivo de este juego es que, a medida que el mensaje rueda en el círculo, la gente lo escuchará mal y transmitirá una versión ligeramente inexacta a la persona siguiente, mensaje que se seguirá escuchando mal una y otra vez. Cuando termina la ronda, la persona que dio origen al mensaje lo expondrá públicamente:

Miguel comió atún con una sabrosa ensalada verde

y la última persona del círculo anunciará entre risotadas y carcajadas, el mensaje recibido:

Raquel cosió alguna sedosa bufanda de duende

Dicho sea de paso, este era un juego frustrante y molesto, porque nunca se jugaba correctamente. Por lo general, la culpa era del comediante* del grupo pequeño, quien había escuchado el mensaje: «Diez botellas verdes paradas en la pared», y deliberadamente lo mezclaba y transmitía: «Diez grosellas grandes tiradas en la sartén». Pero el saboteador del mensaje siempre estaba meticulosamente rastreado y despreciado al menos por una semana, por no decir los golpes que recibía cuando los líderes no estaban viendo.**

Alguna gente tiene una opinión de «susurros chinos» sobre la Biblia. Ellos saben que las escrituras bíblicas tienen algunos miles de años de antigüedad y

* Léase «tonto».

** Ben: Gracias, Pete, por esa pequeña historia.
Pete: ¿Estás siendo sarcástico, Ben?
Ben: No, en serio. Tus historias sobre tus años de adolescencia son fascinantes. ¿Cuál era el objetivo de esa historia?
Pete: Bueno, sí, en verdad. Sigue leyendo, señor impaciente.

suponen que fueron trasmitidas de una a otra persona, de un grupo a otro, de generación a generación, de lengua a lengua, y que con el correr de los siglos, se han introducido errores y cambios (tanto deliberados como accidentales), y se han transformado palabras, oraciones y significados, de tal manera que lo que ahora leemos como:

«Jesús dijo: Yo soy el camino, la verdad y la vida»

en realidad empezó como:

«Jesús dijo: ¿Le gustaría papas fritas con su comida?»

En resumen, ellos sugieren que la Biblia no es confiable y que ha cambiado con los años por medio de errores accidentales (escribas que habían bebido demasiado licor de cerezas y la copiaron incorrectamente) e intervenciones deliberadas (editores creativos que decían: «Oye, a mí no me gusta este final de la crucifixión, es demasiado triste. Vamos a avivarlo un poco... ¿qué tal si traemos a Jesús de vuelta a la vida?... ¡Sí, eso es!»).

Está bien, revisemos estos asuntos.

En el juego de susurros chinos, lo que tú tienes básicamente es una cadena de gente. Cada persona recibe el mensaje y lo trasmite a la siguiente persona de esa cadena. A medida que los errores (tanto deliberados como accidentales) se infiltran, estos también son transmitidos sin problema, de tal manera que los errores se multiplican mientras avanzan en la cadena, hasta que al final, el mensaje recuerda poco del original o no tiene ningún parecido con este. Lo que es más, es difícil escuchar un susurro, porque el juego en realidad está diseñado para que los errores ocurran. De hecho, si los errores no ocurren, el juego fracasa. Imagina la siguiente escena: «Yo envío el mensaje: *Este es un pequeño paso para el hombre*». ¿Qué mensaje recibes tú? «¡El mismo mensaje! ¿Dónde está el chiste?»

Pero la Biblia *no* llegó al siglo XXI de esa manera. Recordemos que estas santas escrituras fueron sagradas para los antiguos judíos y para los primeros cristianos. Fueron tratadas con gran respeto y cuidado. Mucho antes de existir las impresoras láser, las fotocopiadoras y las casas editoriales, todas las copias fueron hechas a mano por escribanos.

Los escribanos no hacían esto como un entretenimiento en su tiempo libre y cuando no estaban cultivando vegetales. Esa era su profesión. Era una profesión extremadamente valorada e importante. Se tomaban grandes molestias y seguían meticulosas reglas para asegurar la veracidad de su trabajo.

Los escribanos tenían que bañarse y usar vestiduras completamente judías antes de empezar a copiar un pergamino. Solamente la piel limpia de animales, específicamente preparada para esa tarea, podía ser usada como superficie de aquella escritura. Incluso la tinta tenía una receta especial. Cada vez que los escribanos copiaban una página, ellos debían revisar y comparar la copia con el original, palabra por palabra. Ninguna palabra y ninguna letra fue escrita de memoria. Ellos contaban y chequeaban todas las letras en cada página. Chequeaban la primera palabra de cada línea y la palabra del medio de cada página. Un jefe escribano revisaba su trabajo. Escribían en columnas no menores de cuarenta y ocho líneas y no mayores de sesenta, cada una con un ancho de treinta letras. Cualquier error o desviación de esta regla implicaba la destrucción de la página. La seriedad de su trabajo se evidencia en una regla que decía que si un escribano estaba escribiendo el nombre de Dios, y en ese momento un rey le dirigía la palabra, debía hacer caso omiso al rey hasta que terminara de escribir.

De manera que las copias que han pasado de una generación a otra fueron meticulosamente producidas, algo así como un juego de susurros chinos en el que cada persona recibe, revisa y confirma lo que escucha del mensaje, diez veces, con alguien más a su alrededor y lo compara con una versión escrita con anterioridad, antes de transmitirlo.

El caso es que aunque la Biblia actual está ahora disponible en muchos idiomas y traducciones diferentes, esta no ha evolucionado o cambiado, sino que se ha mantenido fiel a sus orígenes.

Además, ahora, con nuestras Biblias del siglo XXI, nosotros podemos referirnos a las primeras traducciones de las escrituras bíblicas, como por ejemplo, la Septuaginta*, el Targums**, la Vulgata*** y los anteriormente mencionados Rollos del mar Muerto.

De vuelta a nuestro juego de susurros chinos, esto es como una persona que al final de la cadena es capaz de revisar y comparar su propio mensaje con el de las primeras cinco personas de la cadena.

Al comparar nuestro moderno Antiguo Testamento con las primeras escrituras, podemos ver que la Biblia no ha cambiado en dos mil años. Cualquier historiador te dirá que la Biblia es históricamente válida y confiable. De hecho, entre todos los manuscritos y documentos que pudieras leer de cualquier historia antigua, la Biblia es sin lugar a dudas la mejor apoyada, la más exacta y la mejor investigada del planeta.

Así que puedes estar seguro de que cuando tomas la Biblia de tu librero y la lees, estás leyendo un libro histórico de alta calidad, totalmente válido y original, tan exacto ahora como lo fue en aquellos tiempos.

La Biblia es un libro histórico de alta calidad, totalmente válido y original, tan exacto ahora como lo fue en aquellos tiempos..

* La traducción griega del Antiguo Testamento, hecha alrededor del 250 a.C.

** Traducciones al arameo de sus originales en hebreo, hechas alrededor de 100 años antes de que Cristo naciera, también nombradas como las traducciones sirias.

*** Una traducción al latín del Antiguo y Nuevo Testamento, completada en el siglo IV d.C.

Pronto nos trasladaremos a la segunda parte de este libro, donde dejaremos atrás toda esta introducción y nos concentraremos en la Biblia misma. Pero antes de hacerlo, resolvamos una importante pregunta: *¿Cómo orientarse en la Biblia?*

Supongamos que quieres contarle a un amigo algo importante que acabas de leer, así que lo llamas por teléfono y le dices: «Oye, revisa este gran versículo que acabo de leer en la Biblia. Está en la página 342, más o menos en la mitad». De inmediato, ya tienes un problema. Si no tienes una edición de la Biblia idéntica a la que tiene tu amigo, la página 342 de tu amigo no coincidirá con tu página 342. Así que, ¿cómo puedes encontrar algo de manera exacta y rápida en una Biblia, sin tener en cuenta el lenguaje que tenga o cuál sea su versión?

La solución es que, en contraste con otros libros, aquí la referencia no se rige por la numeración de la página en lo absoluto. En lugar de ello, cada libro de la Biblia está separado en capítulos, y dentro de cada capítulo, están numerados los versículos. Tú no numerarías las oraciones de un ensayo o de una carta para un amigo; así tampoco los autores originales insertaron el título de cada libro y el número de los capítulos y versículos. Todos los títulos y números fueron colocados posteriormente para tu conveniencia.

Generalmente se cree que Stephen Langton, quien más tarde se convirtió en el Arzobispo de Canterbury, fue el primero en dividir los libros de la Biblia en capítulos, en el año 1228 d.C., separándolos en secciones identificables que, ciertamente, ayudaron a los lectores a navegar con más facilidad en cada libro. Pero eso no fue suficiente. Fíjate en el Salmo 119 (que ocupa siete páginas en la Nueva Versión Internacional de Pete), y te darás cuenta de que se necesitaron más divisiones subsecuentes. Es así como doscientos años después (alrededor del 1448 d.C.), Rabbi Nathan dividió los capítulos del Antiguo Testamento en versículos.

La Biblia de Génova, la cual salió en 1560, fue la primera Biblia completa en ser impresa con capítulos y versículos. El orden de esos capítulos y versículos ha permanecido inmutable desde entonces. Otros componentes,

> Lo cierto es que la división por secciones identificables ayudó a los lectores a navegar con más facilidad en cada libro.

como los subtítulos, describiendo las secciones dentro de los capítulos (tales como «Los Diez Mandamientos», «Salomón pide sabiduría», «Jesús camina sobre las aguas», «La defensa de Pablo de su ministerio»), así como también las notas al pie de la página y las referencias cruzadas, fueron añadidas más tarde para permitirles a los lectores una búsqueda rápida de una sección en particular o de una información relevante.

Si ya sabes cómo encontrar un versículo específico de la Biblia, gracias por estar aquí; y ya puedes avanzar al siguiente capítulo ahora. En caso contrario, establezcamos un proceso simple para ayudarte a encontrar un versículo específico en la Biblia. Es bastante sencillo una vez que sepas qué significa todo esto. *¿Cómo funciona?* ¿Qué haces cuando ves 1 Corintios 15:50-58, Mateo 27:62—28:4 o Santiago 3?

Desarrollemos un ejemplo usando Jueces 4:21. Esto significa que tú:

1. Te diriges al libro de Jueces.

2. Encuentras el capítulo 4 (en el libro de Jueces).

3. Encuentras el versículo 21 (en el capítulo 4 del libro de Jueces). La referencia del capítulo se halla siempre a la izquierda de los dos puntos (4:) y la referencia del versículo está siempre a la derecha de los dos puntos (:21). En ocasiones, se utiliza un punto en lugar de dos puntos (Jueces 4.21).

Intentémoslo siguiendo estos pasos:

Paso 1 Dirígete al índice, donde comienza tu Biblia. Busca entre los sesenta y seis libros hasta que encuentres Jueces (clave: se encuentra en el Antiguo Testamento). Fíjate en qué página comienza Jueces.

Paso 2 Dirígete a la página de tu Biblia donde comienza Jueces.

Paso 3 Ahora te encuentras en el libro correcto. A continuación, tienes que moverte hacia delante (pasa los capítulos 1, 2 y 3) hasta el capítulo 4. Las referencias de capítulo, generalmente, se encuentran en números grandes y en negrilla, y son dos o tres veces más grandes que las palabras. A menudo se ven de esta forma:

1 Y Pete y Ben escribieron un libro sobre la Biblia, y fue bueno.

También puedes encontrar de manera rápida la referencia al libro y al capítulo, escrita en la parte superior de cada página.

Paso 4* Párate, golpea tus talones y en voz alta grita: «¡No hay lugar como el hogar!»

Paso 5 Ahora te encuentras en el capítulo 4 de Jueces. A continuación, tendrás que encontrar el versículo 21. Las referencias de versículo son diminutos números en superíndice, que habitualmente ocupan la mitad del tamaño de las palabras y a menudo se ven de la siguiente forma:

¹³Entonces la computadora falló. ¹⁴Ben y Pete estaban profundamente angustiados, ya que no habían registrado la información reciente en sus archivos.

Cada capítulo comienza con el versículo 1 (aunque este número no aparezca, pues se sobreentiende). Revisa los versículos 1, 2, 3, 4, 5 y continúa hasta llegar al pequeño número 21.

Paso 6 Lee Jueces, capítulo 4, versículo 21. Si estás en el lugar correcto, debería decir algo así como: «Pero Jael, esposa de Héber, tomó una estaca de la carpa y un martillo, y con todo sigilo se acercó a Sísara, quien agotado por el cansancio dormía profundamente. Entonces ella le clavó la estaca en la sien y se la atravesó, hasta clavarla en la tierra. Así murió Sísara». (¡Oye, no digas que no te advertimos que en ocasiones la Biblia es un libro violento!)

Paso 7* Párate y di: «¡Eureka, sé cómo encontrar versículos bíblicos!»

* El paso 7 también es opcional.

Hay cinco detalles más que necesitas saber

Detalle no. 1

Cuando quieras referirte a un número de versículos consecutivos, escríbelos de la siguiente manera: Romanos 8:31-39. Esto significa, el libro de Romanos, capítulo 8, versículos 31, 32, 33, 34, 35, 36, 37, 38 y 39 (o del 31 al 39).

Detalle no. 2

Cuando quieras referirte a un número de versículos *que siguen una secuencia junto con otros versículos del próximo capítulo*, lo escribes de la siguiente manera: Santiago 2:14—3:12. Esto significa que en el libro de Santiago, empiezas a leer en el capítulo 2, versículo 14, y continúas leyendo el capítulo 3, hasta llegar al versículo 12.

Detalle no. 3

La mayoría de los libros que has leído tienen un sistema de numeración de páginas estándar: empiezan en la página 1 y continúan hasta la última página. Eso es muy similar a la Biblia NVI de Pete, en la cual Génesis (el primer libro del Antiguo Testamento) empieza en la página 1 y continúa hasta la última página de Apocalipsis (el último libro del Nuevo Testamento), en la página 1303.

Una advertencia: Algunas Biblias tienen numeraciones separadas, tanto para el Antiguo como para el Nuevo Testamento. Es así como, por ejemplo, en otra Biblia de Pete, el Antiguo Testamento va de la página 1 hasta la página 1041; entonces, das vuelta a la página y en lugar de iniciar Mateo en la página

1042, este comienza en la página 1. Mencionamos esto únicamente para evitarte que des vueltas en Josué, del Antiguo Testamento, mientras te quejas de que el libro de Gálatas ha desaparecido de tu Biblia.

Detalle no. 4

Algunas Biblias y literatura relacionada con esta usan abreviaciones para referirse a los libros que se hallan dentro de la Biblia. Es así como, por ejemplo, Salmos es Sal, Mateo es Mt, Ezequiel es Ez, Romanos es Ro, y así por el estilo. El sistema vería según las diferentes publicaciones; por lo tanto, debes revisar el índice.

Detalle no.5

Los elefantes no pueden saltar. No, en serio, es verdad. Tiene algo que ver con las coyunturas de sus patas o algo así. Por supuesto, esto no tiene nada que ver con la lectura de la Biblia; sin embargo, es bueno saberlo.

Hasta el momento hemos cubierto bastante este asunto. Y ahora que conoces el dónde, el cuándo, el cómo y el quién de la Biblia, es hora de introducirnos en el qué. Se acabaron las introducciones, y es hora de meternos de un salto en la Biblia misma.

En el índice al frente de tu Biblia se enumeran los sesenta y seis libros en seguidilla desde Génesis hasta Apocalipsis. Pero si bien el índice te brinda el orden de los libros tal cual aparecen, no te ofrece el cuadro general de cómo concuerdan unos con otros en el tiempo y en la relación entre sí. A decir verdad, nos brinda una especie de imagen falsa. En el capítulo siguiente empezaremos a examinar el primer libro de la Biblia, Génesis. Sin embargo, como parte de tu visión general de la Biblia, he aquí algunas cosas que vale la pena saber.

Los libros de la Biblia están agrupados en secciones

Si bien se ajustan a un sentido general de cronología, los libros no están estrictamente ordenados por fecha de redacción. Más bien, están ordenados y agrupados por secciones según el tipo de literatura. Los escritos de los profetas, por ejemplo, están agrupados en la parte final del Antiguo Testamento. Sin embargo, muchos de dichos profetas estaban escribiendo en el mismo momento que ocurrían los acontecimientos que se describen en 2 Crónicas y 2 Reyes, los cuales aparecen mucho antes en la Biblia, dado que están agrupados con los libros históricos. Las ilustraciones en la página 82 te muestran el orden y las agrupaciones de los libros tal cual aparecen en la Biblia. Por ejemplo, puedes ver en la Biblia en inglés que todas las narraciones históricas (en el Antiguo Testamento) están agrupadas y que todas las cartas de Pablo (en el Nuevo Testamento) están agrupadas.

Los libros de la Biblia se agrupan de una manera un tanto arbitraria

Ten en cuenta que los libros de la Biblia no se redactaron originalmente en los grupos en que hoy se los encuentra. La práctica de agrupar literatura similar en categorías específicas (la ley, los profetas, las cartas) se llevó a cabo más tarde a fin de que la fluidez general de la Biblia mantuviera un sentido de estructura narrativa. De modo que, por ejemplo, en el Antiguo Testamento se hace una distinción entre los profetas de mayor influencia (los profetas mayores) y los de menor influencia (los profetas menores).

En el Nuevo Testamento, el libro del Apocalipsis es una carta y, sin embargo, no se lo agrupa con las demás cartas, sino que se presenta a solas, por causa de su estilo singular. De manera similar, pese a que los libros de Mateo, Marcos, Lucas y Juan describen acontecimientos históricos, no se los denomina «libros históricos» (como ocurre con el libro de Hechos) sino «Evangelios» por causa de su índole singular.

Agrupación y orden de libros en el Antiguo Testamento

Libros de la ley	Libros históricos	Libros de sabiduría y poesía	Libros proféticos
Génesis	Josué	Job	Isaías*
Éxodo	Jueces	Salmos	Jeremías*
Levítico	Rut	Proverbios	Lamentaciones*
Números	1 Samuel	Eclesiastés	Ezequiel*
Deuteronomios	2 Samuel	Cantar de Cantares	Daniel*
	1 Reyes		Oseas
	2 Reyes		Joel
	1 Crónicas		Amós
	2 Crónicas		Abdías
	Esdras		Jonás
	Nehemías		Miqueas
	Ester		Nahúm
			Habacuc
			Sofonías
			Hageo
			Zacarías
*Profetas mayores			Malaquías

Agrupación y orden de libros en el Nuevo Testamento

Libros históricos	Epístolas (Cartas)		Revelación
Mateo*	Romanos**	Tito**	Apocalipsis
Marcos*	1 Corintios**	Filemón**	
Lucas*	2 Corintios**	Hebreos	
Juan*	Gálatas**	Santiago	
Hechos	Efesios**	1 Pedro	
	Filipenses**	2 Pedro	
	Colosenses**	1 Juan	
	1 Tesalonicenses**	2 Juan	
	2 Tesalonicenses**	3 Juan	
*Evangelios	1 Timoteo**	Judas	
**Cartas de Pablo	2 Timoteo**		

Los libros de la Biblia se traslapan

Como los libros de la Biblia se presentan uno tras otro, resulta fácil suponer que cada uno sigue al que le antecede, como vagones de tren en una larga hilera.

No es así. La Biblia no es como una novela que se desarrolla un capítulo tras otro en una prolija progresión lineal. Hay mucho traslapo. En el Antiguo Testamento, los libros de Éxodo, Levítico, Números y Deuteronomio tratan diferentes aspectos de acontecimientos que se relacionan con Moisés y con la vida de los israelitas primitivos. De manera similar, los libros de 1 Samuel, 2 Samuel, 1 Reyes y 1 Crónicas se refieren todos a la vida del rey David, mientras que muchas páginas después, los libros de Salmos y Proverbios se relacionan con los escritos y los dichos del rey David y de su hijo, el rey Salomón. En el Nuevo Testamento, los libros de Mateo, Marcos, Lucas y Juan cuentan del mismo lapso de tiempo, y de los acontecimientos que se relacionan con Jesús de cuatro maneras diferentes.

Los libros de la Biblia se presentan en muchos tamaños diferentes

En el índice de la Biblia, el título de cada libro ocupa un renglón, lo cual prácticamente implica que hay una constancia en el tamaño de los libros. No es así. Por ejemplo, échale un vistazo al libro de Salmos (el más largo de la Biblia), y compáralo con la segunda carta que escribió Juan (2 Juan), que es el libro más corto de la Biblia. Dado que diferentes personas escribieron los libros para públicos diferentes y propósitos diferentes, no hay constancia en cuanto a su extensión.

Los libros de la Biblia cubren una variedad de períodos de tiempo

En la mayoría de los libros, el tiempo pasa y los períodos históricos se cubren a un ritmo bastante constante. Por ejemplo, un libro de texto de historia pudiera cubrir un siglo en cada capítulo. No ocurre lo mismo en la Biblia. La tabla que aparece en la página siguiente muestra que algunos libros cubren acontecimientos que duraron cientos de años, mientras que otros se escriben solo para dicho momento. Por ejemplo, el libro de 2 Crónicas abarca un período de tiempo aproximadamente cuatro veces más largo que todos los libros del Nuevo Testamento combinados.

Comparación de los períodos de tiempo cubiertos en los libros de la Biblia

	100 años	200 años	300 años	400 años

2 Crónicas 384 años

Jueces 335 años

Esdras 81 años

Nehemías 14 años

Jonás 1 mes

Nuevo Testamento 100 años

El Antiguo Testamento es más largo que el Nuevo Testamento

Pues bien, esto tal vez sea un tanto obvio, pero aun así resulta interesante. Pese al hecho de que la Biblia está dividida en dos secciones principales, no representan mitades equivalentes del tomo. No solo tiene el Antiguo Testamento más libros que el Nuevo Testamento, sino que también tiene una cantidad mayor de la que se esperaría de los libros más largos.

En total, el Antiguo Testamento constituye aproximadamente el setenta y siete por ciento de la Biblia, comparado con el veintitrés por ciento del Nuevo Testamento. Échale un vistazo a la gráfica que aparece a continuación a fin de comparar cómo contribuyen las diversas secciones de la Biblia a su contenido.

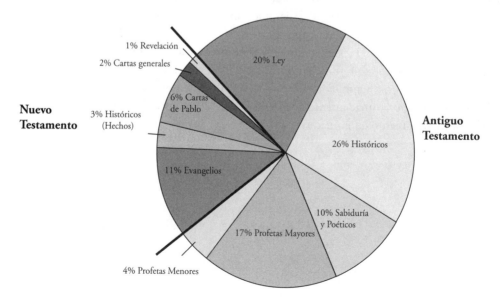

Sin embargo, esto no debiera causar sorpresa alguna. El Antiguo Testamento cubre un período de historia que abarca miles de años, mientras que el Nuevo Testamento cubre un período relativamente corto de apenas un siglo.

ANTIGUO TESTAMENTO

NUEVO TESTAMENTO

Tú estás aquí

2000 BC · 1600 BC · 1200 BC · 800 BC · 400 BC · BC/AD · AD 400 · AD 800 · AD 1200 · AD 1600 · AD 2000

El Antiguo Testamento

Siguiendo el consejo de Julie Andrews en una de las canciones que interpreta en la película *The Sound of Music* [La Novicia Rebelde], «empezaremos por el principio», ya que aparentemente, este es «un buen lugar por dónde empezar». Cuando lees la Biblia, empiezas por el libro de Génesis, capítulo 1, versículo 1: «Dios, en el principio, creó los cielos y la tierra».

Junto a las frases: «Volveré», de Schwarzenegger, y «Ser o no ser», de Shakespeare, la primera declaración de la Biblia es una de las más conocidas en el mundo. La Biblia comienza «en el principio»; no solo en el principio del siglo, y ni siquiera del milenio, sino del *mismísimo* principio. El principio de *todo*, el comienzo de absolutamente todo.

Los primeros capítulos del libro de Génesis describen la creación del mundo. Nos cuentan quién es Dios y narran los primeros momentos de la existencia de la humanidad en esta superficie sólida que todos llamamos la Tierra. No fue escrito como un texto de ciencia. En él no encontrarás ninguna referencia a geofísica interplanetaria, continuidad espacio-tiempo, biología genética, teoría inflacionaria, quarks, conversiones de masa en energía o dinosaurios. De hecho, todo eso estaba lejos de la mente del autor. Él estaba más bien interesado en el *por qué* y el *quién* de la creación, y no en el *cómo* científico. Estos capítulos iniciales tienen un sentimiento poético sobre esos temas y es probable que originalmente fueran diseñados para dar a los lectores antiguos una manera de entender el origen de la vida en un estilo similar al de otros relatos de la época.

En los primeros dos capítulos del Génesis, se nos presenta inmediatamente a Dios, sin ninguna explicación de su existencia. Dios siempre ha existido. Él no necesita ningún preámbulo. Él sencillamente *es*. Él es *eterno*, dado que siempre ha sido y siempre será. Él es *poderoso*, ya que crea y da forma a las cosas, tan solo con nombrarlas. Él es *diferente* y está separado de su creación, ya que no se apoya en nada para crear. Él es *único*, ya que es el singular e incomparable Dios, y no hay otros dioses, a excepción de las creaciones ficticias de los seres humanos. Él es *santo* y *perfecto*, sin errores o dilemas. Él es *omnipresente*, ya que está en todas partes al mismo tiempo y tiene conoci-

> Los primeros capítulos del libro de Génesis describen la creación del mundo. Nos cuentan quién es Dios y narran los primeros momentos de la existencia de la humanidad en esta superficie sólida que todos llamamos la Tierra.

miento pleno de su creación. Y así podríamos seguir y seguir. En síntesis, para exponerlo de manera sencilla, Dios es realmente… **Dios**.

Cada cierto tiempo, es posible que escuches la opinión de que la Tierra es el efecto colateral cósmico de una explosión galáctica, y que las criaturas vivientes y los seres humanos son el resultado de algún tipo de accidente químico, o de un rayo golpeando un charco de lodo. Si así fuese, nuestra existencia sería también un evento fortuito. Toma, por ejemplo, la infame declaración atribuida al físico y astrónomo, profesor Edgard P. Tryon, de que el universo es solamente «una de esas cosas que ocurren de tiempo en tiempo».[1] La Biblia desafía este punto de vista de manera directa. Dios creó todo de una manera ordenada y sistemática que sugiere control, propósito y excelencia. Él creó los cielos y la tierra, la noche y el día, la tierra y el océano, la vegetación, las criaturas del cielo, del aire y del agua. Él creó la estrella más lejana y el átomo de hidrógeno. No conocemos todos los detalles, pero ese no es el caso.

Aquello último y más importante que figura en la agenda de cosas que Dios tuvo por crear, y que constituye el pináculo de su creación, fue el ser humano. Él creó a un hombre (llamado *Adán*) y a una mujer (llamada *Eva*). Nuestros antepasados no eran como el resto de su creación. Ellos tenían, tal como nosotros lo tenemos, el privilegio único de ser «creados a la imagen de Dios»; no llegaron a existir como mero resultado de un accidente cósmico, sino como un reflejo del propio carácter de Dios. Adán y Eva recibieron la extraordinaria responsabilidad de gobernar todo lo demás que Dios había creado. Recibieron instrucciones de Dios sobre cómo vivir, y se les advirtió sobre las consecuencias que traería el desobedecerlo.

Uno de los padres de la cosmología del siglo XXI, el astrofísico británico Sir Fred Hoyle, dijo una vez: «Hay un plan coherente en el universo, aunque no sé para qué es ese plan». Sin embargo, la Biblia nos dice de manera exacta para qué es. El plan consiste en la existencia de una relación entre Dios y la humanidad. Así es de sencillo y a la vez tan increíble.

Adán y Eva tenían completa autoridad sobre toda la creación, pero era Dios quien en última instancia tenía autoridad sobre ellos. Él tenía el control, y bajo su ininterrumpido mandato, todo fue «bueno». En este punto de la historia, la gente tenía una perfecta relación con Dios, y todo era color de rosa.

> # Dios creó todo de una manera ordenada y sistemática que sugiere control, propósito y excelencia.

---

1 E. P. Tryon, «Is The Universe a Vacuum Fluctuation?» [¿Es el universo una fluctuación del vacío?], Nature 246, 1973, p. 396.

¿Dónde estamos?

Estamos en las páginas iniciales de la Biblia: los dos primeros capítulos del Génesis.

¿Qué época es?

Hay diferentes puntos de vista respecto al tiempo de la creación de la Tierra. Algunas personas tienen una perspectiva literal y dicen que esta ocurrió aproximadamente hace seis mil años.*

Ellos dicen, por ejemplo, que los «siete días» que se emplearon para crearlo todo, fueron días de veinticuatro horas tal como nosotros los conocemos. Otros tienen una perspectiva no literal y sugieren que estos capítulos iniciales son más bien descriptivos y no científicos. Desde este punto de vista, el marco del tiempo puede haberse extendido millones de años, hace mucho, mucho tiempo. Los siete días de la creación también podrían ser tan solo una manera de describir un período de tiempo.

En pocas palabras

Génesis 1 y 2 describen al ser supremo esencial, Dios, creando al mundo y a las personas. Dios es todopoderoso y es bueno. Y todo lo que hizo fue bueno. Dios gobernaba, y los seres humanos tenían una buena relación con él.

¿Quiénes son los principales personajes?

Adán y Eva.

Miscelánea

- El título *Génesis* significa «origen» o «principio». Edén significa «deleite» o «dicha».

- Génesis se cita doscientas sesenta veces en el Nuevo Testamento, y por lo tanto, es el tercer libro más citado del Antiguo Testamento.

- En el día de Navidad de 1968, el Apolo 8 emergió del lado oscuro de la Luna. La historia cuenta que cuando los tres astronautas que estaban dentro de la pequeña cápsula vieron aparecer a la Tierra en el horizonte de la Luna, leyeron a todo el mundo lo que en el Génesis se dice: «Dios, en el principio, creó los cielos y la tierra».

- Sir Fred Hoyle afirmó: La probabilidad de que la formación de la vida surja de la materia inanimada es de una a un número con cuarenta mil ceros después después él ... Y con esto ya se tiene bastante para enterrar a Darwin con toda la teoría de la evolución. No hubo una sopa primaria, ni en este ni en ningún otro planeta ... Sin embargo, una vez que vemos que la probabilidad de que la vida se origine al

*De hecho, a mediados del siglo XVII, el Arzobispo de Irlanda, Santiago Ussher, rastreó meticulosamente la cronología de la Biblia y llegó a la conclusión de que el mundo fue creado jalrededor de la hora del almuerzo un día de octubre de 4004 a.C.!

azar es tan absolutamente minúscula que hace del azar un concepto absurdo, se hace sensato pensar que las propiedades favorables de la física, de las cuales la vida depende, son desde todo punto de vista deliberadas ... Es, por lo tanto, casi inevitable que nuestra propia medida de inteligencia deba ser un reflejo de una inteligencia superior, incluso al límite extremo del ideal de Dios.[2]

• Los primeros cinco libros de la Biblia se conocen comúnmente como el Pentateuco, lo que significa «cinco libros». Los judíos los llaman la Tora o la Ley. El título hebreo del libro del Génesis se traduce «En el principio».

---

2 Sir Fred Hoyle y Chandra Wickramasinghe, La evolución de la vida desde el espacio exterior, Simon y Schuster, New York, 1984, p. 148 del original en inglés.

Hace unos años, Pete, su esposa y sus tres pequeñas hijas estaban en una fiesta junto a la piscina, en casa de un amigo. El sol brillaba, el agua estaba fresca, y había una gran cantidad de humeantes costillas en la parrilla. Pero entonces, una de las hijas de Pete comenzó a empujar a los otros niños al agua.

Pete sacó a su hija de la acción, la sentó y le habló directo a la cara. «Escucha bien. Todo el mundo está disfrutando, dándose un chapuzón y nadando. Esto puede durar toda la tarde; sin embargo, hay reglas que seguir. No debes empujar a nadie a la piscina, ¿entiendes? Es peligroso y no es apropiado. Si empujas a algún otro niño, tendré que sacarte de la piscina y meterte dentro de la casa, y la tarde habrá terminado para ti. Sigue mis reglas, y todos estarán bien. Rompe mis reglas y atacaré como una cobra mortífera… mmm, lo que quiero decir es… rompe mis reglas y tendrás que salir de ahí. La decisión es tuya».

Diecisiete segundos más tarde, su hija estaba dentro de la casa.

Esta parte del Génesis nos cuenta de algunos momentos bastante oscuros en la historia de la humanidad. Describe el inicio de una gran tragedia: la relación suspendida entre Dios y los seres humanos. Pese a todos los beneficios de disfrutar de un excelente tiempo en compañía de Dios en el jardín del Edén, Adán y Eva decidieron romper las reglas establecidas por él y hacer las cosas a su manera, como sucedió con la hija de Pete. Decidieron «ser como Dios» haciendo explícitamente lo que él les había dicho que no hicieran, es decir, comer del fruto del árbol prohibido. Dios decretó que el castigo por la desobediencia sería que en lugar de vivir para siempre con su Creador, sus días en la tierra serían contados, y su relación con Dios estaría suspendida.

Las consecuencias de desobedecer a Dios fueron devastadoras e inmediatas. ¡Los sacaron de la piscina y los metieron en la casa! Adán y Eva fueron privados de la relación especial e íntima que tenían con Dios y fueron echados del jardín.

Sin embargo, hay un rayo de esperanza. A pesar de su desobediencia, Dios no se dio por vencido con Adán y Eva (de la misma manera que tampoco los padres no se dan por vencidos con sus hijos). A él todavía le preocupa la

> Las consecuencias de desobedecer a Dios fueron devastadoras e inmediatas.

humanidad, y quiere que esa buena relación se reanude; y es así como empieza la gran temática de la Biblia. Lo estamos resaltando, de modo que no te lo puedes perder. *Aquí empieza el plan de Dios para restablecer la gran relación original entre él y la humanidad, que se describe en los capítulos 1 y 2 del Génesis* (todo esto se encamina hacia Jesucristo, pero dejemos eso para más adelante).

El diluvio

El pecado (que es la palabra técnica que se refiere al acto de rebelarse en contra de Dios) corrompió los pensamientos y las acciones de la gente. Para muchos que viven en nuestra sociedad actual, la palabra *pecado* se ha convertido prácticamente en una jerga religiosa anticuada, la cual evoca imágenes de niños malcriados que son enviados a su habitación. No es así. El pecado es un asunto serio. Es una ofensa capital en contra de Dios, que trae consecuencias serias. La raza humana se multiplicó y se dispersó; pero con ello también se hizo evidente el rechazo a Dios y la opción por andar en los caminos del mal. La gente era egoísta, corrupta y violenta, y con el tiempo se volvió tan perversa que Dios se arrepintió de haberlos creado. Él decidió destruir su creación por medio de un diluvio. Sin embargo, encontró a un individuo que estaba tratando de hacer las cosas correctas.

Noé se describe como «un hombre justo»... [que] anduvo fielmente con Dios» (Génesis 6:9), lo que significa que trató de vivir una vida que fuera agradable a Dios. Aquí leemos una de las historias más famosas de las Biblia. Dios, en su misericordia, salvó a Noé y a su familia, y a un grupo de animales, mientras que el resto de la creación fue destruido. Esta era una oportunidad para la humanidad de comenzar la relación don Dios otra vez.

La ciudad y la torre de Babel

Cada cierto tiempo, los humanos alcanzamos algún logro técnico, científico o médico que eleva totalmente el nivel de nuestro desempeño. La separación del átomo, los trasplantes de corazón, la cartografía del ADN humano, la ingeniería genética, los viajes espaciales y la fertilización in vitro han sido todos anunciados por algún cabeza de alcornoque como evidencia de que los seres humanos han tomado el lugar de Dios. Pero las cosas no eran muy diferentes durante el tiempo del Génesis.

Luego del diluvio, la gente comenzó otra vez a poblar la tierra. Pero continuaron revelándose contra Dios. Unidos en el orgullo por hacerse «famosos», comenzaron a construir una ciudad y una torre que llegara «hasta el cielo» como trofeo al esfuerzo humano (Génesis 11:4). Una vez más, Dios juzgó y humilló a la raza humana, dispersándolos por toda la tierra y confundiéndolos al darles diferentes lenguajes.

> El pecado es un asunto serio. Es una ofensa capital en contra de Dios, que trae consecuencias serias.

¿Dónde estamos?

Es de esperarse que todavía no estés perdido. Estamos aún en el comienzo de la Biblia, en su libro inicial, Génesis.

¿Qué época es?

Las historias de estos capítulos todavía suceden hace mucho, mucho tiempo, mucho antes del 2000 a.C., en un período al que mucha gente se refiere como «prehistoria».

En pocas palabras

El tercer capítulo del Génesis explica por qué el mundo está lleno de pecado. Describe la rebelión de Adán y Eva en contra de los mandamientos de Dios y el castigo por obrar así. Los capítulos siguientes narran los efectos continuos del pecado y la manera en que Dios responde ante todo eso, con las historias del arca de Noé y la construcción de la ciudad y la torre de Babel.

¿Quiénes son los principales personajes?

Adán y Eva, Caín y Abel (los hijos de Adán y Eva), y Noé y su familia.

Miscelánea

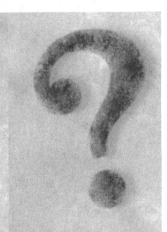

- Contrario al cliché popular, no se menciona alguna «manzana» en el relato del Génesis sobre el jardín. Simplemente se hace referencia al «fruto».

- Algunas de las palabras y conceptos que se encuentran en estos primeros capítulos del Génesis son comunes aún en la actualidad:

- En *Viaje a las Estrellas III,* una «bomba del Génesis» estalla, dando nueva vida a un planeta muerto.

- En la serie *Guía del viajero intergaláctico*, los personajes insertan un «pez de Babel» en sus oídos, para poder traducir los lenguajes extranjeros al suyo propio.

  - El «Proyecto Arca» es una iniciativa ambientalista para salvar las plantas y la vida de la selva.

  - Más de setenta lugares en el mundo se llaman «Edén».

Todas las cosas poderosas y grandes empezaron de las pequeñas. El río más poderoso comenzó como un riachuelo. El árbol más alto comenzó como una semilla. La capa de grasa alrededor de tu estómago comenzó como un cremoso bocado de rosquilla. Y al principio de la Biblia, leemos sobre el principio de algo grande que se inició con una pequeña familia.

Leemos sobre el nacimiento de una nación; pero no de cualquier nación, sino de una que sería especial para Dios. De hecho, el resto del Antiguo Testamento, de aquí en adelante, sigue la increíble historia de esta nación especial: Israel. Todo empezó con cuatro hombres, con frecuencia designados como los patriarcas, «los padres de Israel».

La gente que juega un papel trascendental al establecer algún tipo de movimiento social, generalmente recibe el título de «padre». Es así como, por ejemplo, los padres de la ciencia fueron Copérnico, Kepler y Newton. Los padres de la música de rock fueron Buddy Holly, Chuck Berry, Sam Phillips y Little Richard. Así también, los padres de Israel fueron Abraham y su hijo, nieto y bisnieto: Isaac, Jacob y José, respectivamente. La historia de Abraham y su familia es la historia del nacimiento de una nación y de cómo Dios intentó restablecer su relación con la raza humana. Es una historia trascendental que abarca muchas generaciones.

Abraham

Primero se nos presenta a Abraham (cuyo nombre original era Abram) y a su esposa Sara (originalmente Saray) en el capítulo 11 del Génesis. Dios escogió a esta fiel pareja para ser los padres fundadores de una gran familia, una familia que se convertiría en una nación y ejemplo de un pueblo que desarrollara una relación especial con él. Es la saga épica de esta familia, de esta nación, la que percibimos al leer el Antiguo Testamento. Dios hizo una serie de promesas (llamados pactos) con Abraham:

- Dios prometió bendecir a Abraham y a sus descendientes.
- Dios prometió que los descendientes de Abraham serían tan «numerosos como las estrellas».
- Dios prometió que la familia de Abraham tendría un gran nombre y se convertiría en una gran nación.
- Dios prometió que a través de esta nación, el mundo sería bendecido.

- Dios prometió que Abraham y su descendencia recibirían un lugar donde vivir y prosperar.

En reciprocidad de estas promesas, Dios esperaba que su pueblo le fuera fiel y le obedeciera.

Recuerda estas promesas, ya que son importantes para gran parte de la historia y actividad que siguen en los cientos de años siguientes. A medida que leas el resto del Antiguo Testamento, estas promesas surgirán una y otra vez.

Todas estas promesas fueron muy sorpresivas para Abraham y su esposa porque, además de que Abraham era anciano y probablemente se preparaba para el retiro, Sara no había sido capaz de concebir hijos. La idea de ser padres de una nación les parecía ridícula. Pero Dios tenía el control, y su plan de salvar a la humanidad a través de esta familia iba a llevarse a cabo de cualquier forma. El primer nacimiento milagroso de la Biblia ocurrió en Génesis 21, cuando Sara dio a luz a un hijo: Isaac.

Abraham e Isaac

La fe que Abraham tenía en Dios habría de ser probada pronto, cuando le pidió que ofreciera a su hijo como sacrificio a él. En resumen, Dios le pidió a Abraham que entregara su más preciosa y especial «posesión», su propia carne y sangre: su hijo. Para ser francos al respecto, la idea de matar a tu propio hijo no encaja muy bien en el siglo XXI. Es una idea que parece cruel, inhumana, bárbara, espeluznante. Pero aun así, muestra que Dios quiere y exige que le rindamos nuestra total e incondicional devoción.

Uno puede imaginarse lo que Abraham debe haber estado pensando en ese instante. Sin embargo, sorprendentemente, obedeció y llevó a su hijo a la montaña para matarlo.* Isaac, en ese entonces un niño, preguntó a su padre dónde estaba el animal que debía ser sacrificado. Y Abraham respondió: «Dios proveerá». Estas palabras terminaron por ser proféticas, y en el momento en el que Abraham estaba a punto de matar a Isaac, Dios lo detuvo y le proveyó un animal para ser sacrificado en lugar del niño.

Isaac

Isaac creció y se casó con Rebeca, quien, al igual que su suegra Sara, tampoco era capaz de tener hijos. Pero con la bendición de Dios, milagrosamente dio a luz gemelos: Jacob y Esaú.

Jacob (alias Israel)

Jacob debe haber sido un hombre extraordinario. ¡Fue el padre de doce hijos nacidos de cuatro mujeres diferentes!** La historia de su familia parece ser el guión de una telenovela.

Jacob se casó con las hermanas Lea y Raquel. Lea le dio a Jacob cuatro hijos varones: Rubén, Simeón, Leví y Judá. Debido a que Raquel no podía tener

* El autor de Hebreos comenta respecto a la fe de Abraham en este hecho, contándonos que Abraham creía que Dios era capaz de traer a su hijo de vuelta a la vida (Hebreos 11:17-19).
** En los tiempos bíblicos antiguos, era común que un hombre tuviera más de una esposa al mismo tiempo.

hijos, se puso celosa y dio a Jacob a su criada Bilhá para que esta tuviera hijos en su nombre. Bilhá dio a luz dos hijos: Dan y Neftalí. Entonces, debido a que Lea no había dado a luz por un tiempo, se puso celosa y le dio a Jacob su criada Zilpá para que tuviera hijos en nombre de ella. Zilpá dio a luz dos hijos: Gad y Aser. Ya se pueden imaginar cómo daría vueltas la cabeza del viejo Jacob con toda esta actividad. Las cosas empeoraron cuando Lea comenzó a tener hijos de nuevo, y dio a luz a Isacar, y un tiempo después a Zabulón; y entonces a una hija: Dina. Para complicar aun más las cosas, Raquel quedó embarazada y dio a luz a José. Mucho tiempo después, ella muere al dar a luz al décimo segundo hijo de Jacob: Benjamín.

Dios le dio a Jacob el nombre de Israel. Serían los doce hijos de Jacob/Israel los que se convertirían en el fundamento de la nación especial de Dios. Todos ellos serían los hijos de Israel, los «israelitas».

Con el tiempo, cada uno de los varones tuvo su propia familia numerosa, y generación tras generación, crecieron hasta convertirse en las doce grandes tribus de Israel. En tu recorrido por el Antiguo Testamento, estás leyendo sobre los descendientes de estos hermanos.

De entre los doce hijos de Jacob, José jugó un papel especial. Los capítulos restantes del Génesis narran su atribulada historia. Si alguna vez has tenido una hermana o un hermano menor al que has querido estrangular, entonces es probable que comprendas la relación que había entre José y sus hermanos mayores. Siendo un joven de diecisiete años, José «informó de la mala fama» de sus hermanos a su padre (en términos modernos, él chismorreó que ellos holgazaneaban en lugar de estar atendiendo el rebaño). Esto les molestó, y desde entonces la situación empeoró. José tenía sueños vívidos y (en una increíble muestra de poco juicio) les contó a sus hermanos los sueños que había tenido, en los que estos se inclinaban ante él, y él era su gobernante. Puedes imaginarte cómo este presuntuoso fanfarrón molestó a sus hermanos mayores.

Por la misma época, Jacob le echó sal a la herida cuando ofreció a José una hermosa túnica, haciendo despliegue de su favoritismo hacia él. Sus hermanos estaban ardiendo de celos, tanto que, cuando salieron un día con el rebaño, fingieron la muerte de José y lo vendieron a esclavistas madianitas, quienes rápidamente se lo llevaron y lo vendieron a Egipto como sirviente de Potifar, uno de los funcionarios del faraón.

En Egipto, luego de pasar algún tiempo en una celda en prisión por falsos cargos, la habilidad de José para interpretar sueños le resultó útil. Y a través de una serie de circunstancias, se le llevó a la presencia del hombre más poderoso del mundo en esa época, el faraón de Egipto, quien le pidió que interpretara sus perturbadores sueños. José lo hizo, y el faraón estuvo tan complacido que convirtió a José en su mano derecha y le dio un lugar de gran autoridad en el reino.

Años después, una terrible hambruna provocó que el resto de la familia de José llegara a Egipto. Resolvieron sus diferencias, se reunieron y continuaron viviendo en prosperidad en ese país donde, irónicamente, José era su gobernante. Para ese entonces, ya sus hermanos se habían casado y tenían sus propios

> Dios le dio Jacob el nombre de Israel. Serían los doce hijos de Jacob/Israel los que se convertirían en el fundamento de la nación especial de Dios. Todos ellos serían los hijos de Israel, los «israelitas».

hijos. La familia extendida, descendientes directos de Jacob, alcanzaban la cifra de sesenta y ocho personas, más sus esposas e hijos.

En esta época, las cosas estaban yendo bastante bien para Jacob y sus doce hijos y familias. Algunas de las promesas que Dios había hecho al abuelo de Jacob se estaban cumpliendo. Eran prósperos y estaban por convertirse en una dinastía familiar enorme, siendo José uno de los hombres más poderosos e influyentes de ese tiempo.

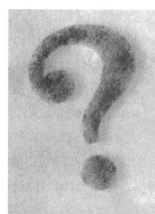

¿Dónde estamos?

Estamos al final del primer libro de la Biblia, pero no te inquietes, nos moveremos más rápidamente en los siguientes capítulos.

¿Qué época es?

Las vidas de Abraham, Isaac, Jacob y José cubren un período de casi trescientos años, y terminan en algún momento alrededor del 1800 a.C.

En pocas palabras

Estos capítulos narran las historias de cuatro hombres que fueron los padres fundadores de la nación de Israel. Dios usó a cada uno de estos hombres de fe para iniciar su gran plan de salvación para la humanidad.

¿Quiénes son los principales personajes?

Abraham, Sara, Isaac, Rebeca, Jacob, Esaú, Lea, Raquel, José y sus once hermanos, Potifar (el dueño de José), el faraón (el rey de Egipto).

Miscelánea

- Abraham se convirtió en un ejemplo de fe tal, que se le menciona más de setenta veces en el Nuevo Testamento. Su nombre significa «Padre de muchos».

- Andrew Lloyd Webber convirtió la historia de José en un musical conocido como *José y la Capa Soñada Tecnicolor*. Resulta interesante, pero la Biblia NVI no menciona que fuera colorida; simplemente dice que era una «túnica especial de mangas largas».

- Es probable que José y su familia estuvieran en Egipto en un período histórico en el que el gobernante de ese país no era un egipcio nativo, sino un rey invasor extranjero hicso.

- José fue vendido a los esclavistas por veinte monedas de plata.

- Cada una de las doce tribus de Israel tomó su nombre de su padre fundador. Los integrantes de la familia de Leví se convirtieron en levitas; los rubenitas eran descendientes de Rubén; y así sucesivamente.

Al final del Génesis, las doce tribus (o grandes familias) de Israel habían sobrevivido a la gran hambruna, se habían mudado a Egipto y reunificado con su «perdido» hermano José.

Algún tiempo después, Jacob (el padre de los doce hermanos) murió. Con el tiempo, José también murió y dejó a sus hermanos la promesa de que Dios los llevaría de vuelta a la tierra que había prometido a su bisabuelo. Eso sonaba bastante bien. Pero pasó un año. Luego otro. Luego diez. Veinte. Cincuenta. Cien.

De hecho, cuatrocientos años después (cuando comienza el relato del libro de Éxodo), sus descendientes todavía estaban en Egipto; pero la vida de este pueblo era una historia diferente. Todos los recuerdos y los buenos sentimientos hacia la familia de Jacob y el gran líder José se habían olvidado hacía largo tiempo. Los descendientes de las doce tribus se habían vuelto tan numerosos, que el faraón egipcio los consideró una potencial amenaza, tanto política como militar. Impuso un esclavismo brutal para los israelitas y los usó para construir las ciudades egipcias de Pitón y Ramsés.

Las promesas hechas a Abraham cientos de años antes, acerca de que Israel llegara a ser una gran nación y tuviera su propia tierra, debieron parecer oscuras y distantes. Todo parecía perdido. Pero Dios escogió a un líder especial para rescatar a su pueblo y liberarlo de la esclavitud. El nombre de ese libertador era… ¡fanfarria, maestro!… Moisés.

Todos han oído hablar de Moisés. El solo nombre evoca imágenes de Charlton Heston con una enorme barba, perseguido por Yul Brynner a través del desierto, en la película de Cecil B. DeMille, *Los Diez Mandamientos*; con doscientos diecinueve minutos de asombrosos efectos de cámara especiales, producidos en el 1956. O tal vez, para las audiencias modernas, nos evoca más a Val Kilmer, quien fue la voz del joven y audaz Moisés en la película de Dreamworks, *El Príncipe de Egipto*.

Moisés fue salvado de la muerte cuando era un bebé, y criado en la familia real de Egipto. Dios le dio la misión especial de presentarse ante el faraón e implorar la liberación de su pueblo. Pero el corazón del faraón estaba endurecido contra Dios. Faraón no estaba dispuesto a dejar que su fuerza laboral de esclavos se marchara del pueblo así como así, de modo que se negó.

En el cuadrilátero del boxeo: «Yyyyyy… en la esquina izquierda, pesando 85 kilos*… ¡Faraón!, gobernante de Egipto, quien rehúsa liberar a los esclavos israelitas. Yyyyyy… en la esquina derecha, pesando varios billones de kilos, gobernador de… bueno, absolutamente todo… ¡El Señooor!, quien quiere que Faraón deje que su pueblo salga».

En un tremendo despliegue de poder, Dios iba a dejarle en claro al faraón que ya no podía seguir esclavizando injustamente a los israelitas. Faraón era un poco lento para entender, así que Dios azotó a Egipto con una serie de plagas. Aquello debe haber sido como vivir en una pesadilla. El río Nilo se volvió sangre, y hubo infestación de ranas, moscas y zancudos. Todo el ganado murió. Los ciudadanos estaban cubiertos de horrorosas úlceras purulentas, y sus casas fueron destruidas por el granizo. Las langostas arrasaron con la tierra, y la oscuridad llegó a cubrirlo todo.**

Pero Dios guardó la peor plaga hasta el final. Era la que haría que Egipto y el faraón se arrodillaran. Y durante una noche en particular, el primer hijo varón de cada familia egipcia moriría. Para evitar que dicha maldición de la muerte repentina cayeran sobre su pueblo, Dios les advirtió a los israelitas que untaran en los dinteles de las puertas de sus casas la sangre de un cordero o un cabrito. Debían asar la carne al fuego y comerla junto con hierbas amargas y pan. Él prometió «pasar de largo» en todas las casas marcadas con esta señal de sangre, y se les perdonaría la vida a aquellos niños. Fue un momento tan importante en la historia de Israel, que recibieron instrucciones de recordar cada año el poder de Dios al rescatarlos en aquella ocasión, mediante la celebración de **La Fiesta de la Pascua.*****

A medianoche, Dios azotó a los primogénitos de cada familia en todo Egipto. Imagina la histeria y la tristeza que deben haber seguido a ese momento. La muerte del hijo mayor de cada familia, incluso la del faraón, demostró ser la última gota que derramó la copa para el gobernante. Finalmente, se dio cuenta de que había recibido más de lo que podía soportar, tratando de oponerse a Dios. Se rindió y les permitió a los descendientes de Jacob que dejaran el país.

Hace muchos años, Ben y Pete viajaron al exterior para tocar en un gran festival de música juvenil. Había cuatro bandas de rock con sus respectivos técnicos. La logística requerida para organizar los arreglos del viaje fue un horror. Los agentes de este enorme grupo tenían que organizar el transporte de ida y vuelta a los aeropuertos, incluyendo los pasajes aéreos, el alojamiento y las comidas. Y para colmo, cada banda tenía montañas de equipaje, compuesto básicamente por módulos de efectos de sonido y fijador para el cabello. Era un reto tratar de que este grupo de roqueros llegaran del punto A al punto B. Así que ¡imagínate cuánto más grande no sería el reto para Moisés!

Este caudillo hebreo guió a más de seiscientos mil israelitas hacia las afueras de Egipto. Te puedes imaginar la emoción que sintieron estos cuando literalmente empacaron sus pertenencias y salieron caminando hacia la liber-

* 187 libras.
** Nota: cuando Dios quiere dejar claro algo, no se anda por las ramas.
*** Esta celebración anual seguía vigente mil quinientos años después, durante la época del Nuevo Testamento (y de hecho, todavía se celebra en la actualidad. Hablaremos de ello más tarde).

tad. Luego de haber transcurrido cuatrocientos años, finalmente regresaban a su propia tierra. Este evento fue grande. *Realmente grande.* Tres meses y trescientos kilómetros* más tarde, los israelitas establecieron un campamento al pie del monte Sinaí. Eran un pueblo libre, y la promesa hecha a Abraham (y reiterada a Isaac, Jacob y José) de tener su propia tierra, por fin parecía que iba a cumplirse.

Luego de haber transcurrido cuatrocientos años en los que se les mandaba qué hacer, es probable que haya habido entre la gente un sentimiento de... «Bien, ¿y ahora qué? ¿Quiénes somos? ¿Qué hacemos? ¿Ah? ¿Cómo vivimos? ¿Alguien tiene alguna idea? A ver, a ver».

Moisés subió a la montaña para encontrarse con Dios. Probablemente pensaba: «Bien, Dios, ya nos has traído hasta aquí; ¿y ahora qué?». Dios le dio a Moisés un mensaje muy importante para el pueblo. En el histórico inicio de su nueva sociedad, Dios lo colocó todo sobre una tabla de piedra. Les dijo que si le obedecían completamente y mantenían su pacto, ellos serían su «propiedad exclusiva» y su «nación santa» por encima de todas las demás naciones. Y continuó entregándole al pueblo una serie de leyes bajo las cuales vivir, conocidas como los Diez Mandamientos.** Estos mandamientos debían servir de base para la norma de conducta de los israelitas y como fundamento para su sociedad. Moisés también recibió complicados detalles relacionados con la adoración, e instrucciones para construir un lugar especial (llamado el tabernáculo, del cual hablaremos en el siguiente capítulo), donde Dios y su pueblo podrían reunirse.

Los Diez Mandamientos comienzan con Dios diciéndoles a Moisés y a los israelitas: «Yo soy el SEÑOR tu Dios. Yo te saqué de Egipto, del país donde eras esclavo» (Éxodo 20:2). Esta declaración era el pensamiento en el cual se basaba el principio completo de la ley. La secuencia de eventos es importante. La ley fue dada a los israelitas *después* de haber sido liberados de la esclavitud, pues Dios ya había rescatado a su pueblo. Obedecer la ley no era el *medio* para que el pueblo fuera liberado por Dios, sino la *respuesta* a ello.

De hecho, hubo seiscientos trece mandamientos específicos dados a Moisés. Pero estos son los que se expresan con mayor claridad en **los Diez Mandamientos:**

- No tengas otros dioses.
- No hagas ídolos ni los adores.
- No uses el nombre de Dios en vano.
- Guarda el día de reposo.
- Honra a tu padre y a tu madre.
- No mates.
- Sé fiel a tu cónyuge.
- No robes.
- No mientas.
- No seas envidioso de lo que los otros tienen.

Estas leyes formaron la base de la sociedad israelita, y con el tiempo serían originarios del código legal y ético bajo el cual vivimos en la actualidad.

* 186 millas.
** Detallados en Éxodo 20.

Obedecer la ley no era el *medio* para que el pueblo fuera liberado por Dios, sino la *respuesta* a ello.

Si has visto la película animada de *Dreamworks*, *El Príncipe de Egipto*, esta es la parte en que la historia termina. Moisés desciende triunfalmente del monte, mientras el pueblo de Israel espera ansioso abajo. Hay música de fondo. Huelgan los reconocimientos. Pero, ¡qué pena que la película no haya mostrado lo que sucedió más tarde! Moisés entró al campamento y encontró a los israelitas impacientados en espera de su regreso. Habían derretido todas las joyas y creado un ídolo (un becerro de oro para adorarlo). Moisés llegó y se encontró con una orgía de bebida, baile y actividad sexual generalizada. Se volvió frenético al ver que el pueblo rápidamente había asumido prácticas de naciones impías, cuando se suponía que debían ser fieles a su Dios. Hizo polvo el becerro de oro e hizo que el pueblo se lo bebiera; y aproximadamente tres mil personas murieron como castigo por lo que habían hecho.* Además, Dios declaró que ninguno de ellos podría en realidad llegar a la Tierra Prometida. Ellos morirían, y serían sus descendientes quienes llegarían a esa tierra.**

Desafortunadamente, este fue solo el primero entre los muchos problemas similares que experimentó Israel. La infidelidad e idolatría plagarían a este pueblo en los años venideros. Cada cierto tiempo, una y otra vez, rechazarían a Dios y adoptarían las creencias y las prácticas inmorales de naciones paganas. Estos tan solo son los primeros momentos de la saga épica que continúa. Israel tuvo ante sí una increíble serie de altas y bajas, aventuras y desastres, al estilo de una montaña rusa.

¿Dónde estamos?

La historia del éxodo se inicia en el libro de Éxodo, capítulo 1 y termina cuando Moisés y los israelitas llegan al monte Sinaí y reciben la ley, en el capítulo 20.

¿Qué época es?

Éxodo 1 da un salto veloz de más de trescientos cincuenta años desde la época en que Jacob arribó a Egipto (alrededor del 1875 a.C.). Reanuda la narración una vez más, muchos años después con el nuevo faraón, quien no conocía a José. El resto del libro cubre un período de ochenta años, que comienza con el nacimiento de Moisés en 1525 a.C. y termina con la construcción del tabernáculo.

En pocas palabras

Luego de cientos de años de esclavitud en una tierra extraña, Dios levantó a Moisés, envió plagas a los egipcios y guió a Israel a través del mar Rojo, hasta el monte Sinaí, donde recibieron la ley.

¿Quiénes son los principales personajes?

Moisés, su hermano Aarón y su hermana Miriam, y Faraón.

Miscelánea

- Un ejemplo para todas las personas de la tercera edad: Moisés tenía ochenta años cuando guió a los israelitas hacia las afueras de Egipto (no un atractivo joven de treinta y tantos, como la película *El Príncipe de Egipto* te hace creer).

- El nombre Éxodo significa «salida» o «partida».

- El mar Rojo es en realidad un «mar de juncos», un lago de agua dulce.

- El libro de Éxodo se menciona doscientas cincuenta veces en el Nuevo Testamento y, como tal, es el cuarto libro más citado del Antiguo Testamento.

- Moisés es la tercera persona más mencionada en la Biblia (setecientas cuarenta veces), después de Jesús y el rey David.

- La Fiesta de la Pascua es todavía un importante evento que se celebra en las comunidades judías de la actualidad.

¿Recuerdas la narración del libro de Génesis? Luego de un buen inicio, los seres humanos desobedecieron a Dios, y su relación con él se estropeó.

Sin embargo, las buenas noticias de la Biblia son que Dios todavía nos ama y quiere restaurar la relación suspendida y habitar entre nosotros otra vez. Él quiere que las cosas vuelvan a ser como se suponía que debieron ser en primera instancia. Pero hay un problema: Dios es santo y no puede tolerar el pecado. Los seres humanos son pecadores. Estos son dos polos opuestos que no pueden juntarse. Entonces, **¿qué hacer?**

El libro de Éxodo describe cómo Dios dio instrucciones a Moisés y a los israelitas sobre cómo construir un santuario móvil (que significa «lugar santo»), donde se podía tratar con el pecado de manera regular y donde Dios podía reunirse con su pueblo nuevamente.

Este **tabernáculo** (que significa «morada») no era un palacio de mármol ni una mansión majestuosa, sino una tienda de campaña de dos cámaras. Pete y su familia también tienen una tienda de campaña de dos cámaras. Es una gran bestia de lona con postes de acero; pesa una tonelada y huele a bolas de naftalina. Usan la cámara exterior para cocinar y jugar cartas, y la cámara interior para dormir y escapar de los mosquitos. Pero la tienda de la familia Downey no se compara en lo absoluto con el tabernáculo. El tabernáculo era una tienda seria. Era grande, robusta y hecha de los más finos materiales, construida por los mejores artesanos: de lino e hilo finamente tejido, ganchos de bronce, pelo de cabra y piel de carnero, apoyado en pilares de madera de acacia recubiertos con oro y montados en bases de plata. Sería el orgullo de cualquier campamento moderno.

El tabernáculo reposaba en un campo rectangular, protegido por una cerca del tamaño aproximado de una piscina olímpica. Dentro del atrio había un enorme tazón para lavarse y un altar de bronce para los sacrificios. En su totalidad, el tabernáculo medía 13,6 metros de largo por 4,5 metros de ancho.* No había ventanas, y tenía una sola entrada. La primera cámara y entrada era el Lugar Santo. La segunda cámara, separada por una gruesa cortina tejida, cuya forma era de un cubo, era el Lugar Santísimo (no eran los nombres más creativos, pero ahí los tienes).

En el Lugar Santo había una mesa de madera de acacia recubierta con oro, una lámpara de oro puro y un altar donde se quemaba incienso. La verdad

> Dios dio instrucciones a Moisés y a los israelitas sobre cómo construir un santuario móvil, donde se podía tratar con el pecado de manera regular y donde Dios podía reunirse con su pueblo nuevamente.

* Aproximadamente 15 yardas por 5 yardas.

97

es que esta era más elaborada que la tienda de los Downey, que contiene una pequeña mesa de aluminio, una lámpara de queroseno y repelentes de mosquitos.

Pero el Lugar Santísimo era el sitio donde realmente ocurría la acción. ¿Recuerdas la misión de Indiana Jones en la película *En Busca del Arca Perdida*? Pues bien, el Lugar Santísimo era donde aquella arca («el arca del pacto») residió primero. Era un cofre de madera de acacia, laboriosamente decorado con oro, donde yacían las dos tablas de piedra en las que los Diez Mandamientos fueron escritos. El arca era extremadamente especial y valiosa para los israelitas. De hecho, mientras que solo los sacerdotes podían entrar al Lugar Santo, únicamente el sumo sacerdote podía entrar al Lugar Santísimo y eso, solo una vez al año.

Cuando el tabernáculo estuvo finalmente terminado, el Espíritu de Dios se posó o «habitó» sobre el arca en el Lugar Santísimo. Aquí por fin, por primera vez desde que Adán y Eva fueron echados del jardín, Dios y los seres humanos estaban habitando juntos una vez más, aunque la relación estaba limitada. La tienda de Dios fue erigida en medio del campamento de los israelitas. Él eligió a los levitas (descendientes de Leví) para que fueran los sacerdotes encargados de llevar y preservar el tabernáculo y de realizar los sacrificios en él. Por lo tanto, el libro de Levítico fue escrito básicamente para los levitas, como manual de instrucciones sobre cuándo y cómo debían realizar sus obligaciones como sacerdotes. Aquí en el tabernáculo y más adelante en el templo, era donde se llevaban a cabo los sacrificios. *¡¿Sacrificios dijiste?!*

Sí, sacrificios; te lo vamos a explicar. Pero primero, elimina de tu cabeza la imagen de los enloquecidos hombres vudú de Indiana Jones, usando grotescas máscaras y cuernos de búfalo, asesinando por la fuerza a campesinos en algún altar en la cima de una montaña, rodeados por las llamas.

Dios toma su relación con la humanidad muy en serio, y aquello que la arruinó fue el pecado. De la misma forma en que los padres enseñan a sus hijos que sus acciones y actitudes tienen consecuencias, Dios dejó en claro que la desobediencia sería castigada. El castigo por el pecado no consiste en una sencilla manotada, o que se te envíe a tu habitación sin postre. El castigo por desobedecer a Dios es la muerte.

Pero, aun así, por amor a su pueblo, Dios proveyó una vía temporal para liberarlos del castigo iniciando un sistema de sacrificios. Él determinó que un sustituto podía morir en lugar de la persona o personas pecadoras. De esta manera, el sustituto recibiría simbólicamente el castigo a nombre del culpable, y aquel que realmente merecía el castigo se salvaba de la ira de Dios. Por eso, a través de todo el Antiguo Testamento, con frecuencia lees sobre gente ofreciéndole sacrificios a Dios, valiéndose de aves, ovejas, bueyes y otros animales. Estos se les ofrecían no porque él fuera mórbido o estuviera sediento de sangre, sino como un reconocimiento de que el pecado era serio y necesitaba ser enfrentado.

Israel acampaba alrededor del tabernáculo y traía ciertos animales a los sacerdotes para que los sacrificaran. De esta manera, el castigo por sus pecados podía

Dios toma su relación con la humanidad muy en serio, y aquello que la arruinó fue el pecado.

ser tratado de manera temporal. Toda esta cuestión de sacrificar animales era engorrosa. Los animales eran sajados, su sangre era derramada en el altar, y lo que quedaba de sus cuerpos era completamente quemado. Esto puede parecer cruel y no se ajusta bien a nuestros principios morales del siglo XXI. Es bastante grotesco, maloliente y asqueroso. De hecho, si fueras a la iglesia en la actualidad y en la mitad del servicio el pastor va hasta la mesa de la comunión y corta por la garganta un cabrito, la mitad de la congregación se desmayaría, y la otra mitad necesitaría consejería por varios meses después. Los sacrificios, sin embargo, servían como un gran recordatorio de que transgredir los mandamientos de Dios es algo muy serio, y que el pecado significa muerte y separación de las bendiciones de Dios. Y todo esto era solo el comienzo. Al final, Dios trataría con nuestro pecado de una vez por todas con un sacrificio todopoderoso y, como resultado, él habitaría completamente con nosotros como lo hizo al principio. Trataremos sobre esto más adelante.

¿Dónde estamos?

Hemos completado los primeros tres libros de la Biblia. Las instrucciones para construir y usar el tabernáculo fueron dadas a Moisés en los capítulos finales de Éxodo. El siguiente libro, Levítico, contiene las instrucciones dadas a los sacerdotes de la tribu de Leví.

¿Qué época es?

El tabernáculo fue construido después de que Moisés recibiera los mandamientos. Eso significa que probablemente fue construido alrededor del 1445 a.C.

En pocas palabras

El tabernáculo era un santuario móvil que Dios ordenó construir a Israel. Una vez construido, fue usado como el lugar donde el pecado podía ser enfrentado y el lugar donde Dios podía habitar con su pueblo.

¿Quiénes son los principales personajes?

Moisés, Aarón y la tribu de Leví.

Miscelánea

- El tabernáculo estaba dispuesto de tal manera que su única entrada se orientaba hacia el este (así como el Jardín del Edén). Eso significaba que para entrar en él, uno debía entrar mirando hacia el oeste. En Génesis 3:11, la dirección del este simboliza *alejarse* de Dios. Aquí, caminar hacia el oeste simboliza alejarse del pecado y caminar *hacia* Dios.

- La tradición judía sugiere que cuando el sumo sacerdote atravesaba la cortina para entrar al Lugar Santísimo, se le ataba una soga

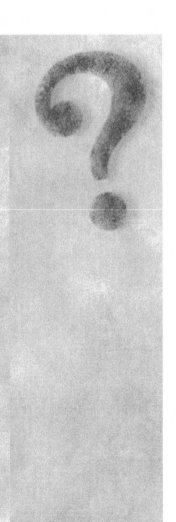

para que si moría mientras estaba ahí, los otros pudieran arrastrarlo hacia afuera sin tener que entrar.

• Algunas de las instrucciones dadas en Levítico eran leyes universales; por ejemplo: no seas un chismoso, muestra respeto por las personas mayores, no tengas sexo con la esposa de otro hombre y no te burles de los sordos. Otras, sin embargo, eran más culturales y pueden resultar un poco confusas para el lector moderno, como: está prohibido afeitarte cualquier parte de tu cabeza; o no se permite comer cerdos o conejos; se debe considerar una mujer impura hasta sesenta y seis días luego de dar a luz; y las ropas manchadas de moho deben quemarse.

¿Alguna vez has sido generoso con alguien, y que luego tu generosidad reciba como pago la grosería y la ingratitud?

Una noche, cuando Pete tenía diez años, su madre llegó apresurada del trabajo a casa, como siempre lo hacía, para cocinar la cena. Sirvió un estofado con arvejas, zanahorias y patatas. Pete entró al atardecer luego de jugar tenis, se sentó a la mesa e hizo una mueca frente a la comida. Con la egocéntrica falta de sentido común propia de esa edad, se quejó ante su madre porque ella nunca servía cosas buenas como hamburguesas, papas fritas y gaseosas, y para colmo terminó diciendo que estaba cansado de comidas aburridas como el estofado y las patatas.

Mostrando un notable autocontrol, la mamá de Pete respiró profundo, hizo una pausa y silenciosamente retiró la comida de Pete y lo envió a su habitación sin cenar. Aquella fue una valiosa lección. Esa fue la última vez que Pete dio por sentada a su madre (y su cocina).

Es frustrante e hiriente sentir que cuando haces algo bueno para algunas personas, estas, metafóricamente, te escupen en la cara (y es incluso peor si *literalmente* lo hacen de verdad). Por desgracia, esta es la clase de tratamiento que Dios recibió de los israelitas. Él los había rescatado de la esclavitud en Egipto, les había dado reglas bajo las cuales vivir y les había prometido una tierra para que la llamaran suya. Cuando los israelitas salieron de Egipto, no tenían hogar. Dios prometió proveer un hogar para ellos en Canaán, un lugar al que ellos podrían referirse como la «tierra prometida». Era la franja de tierra que ahora conocemos como Palestina. La Biblia la describe como «espaciosa, buena» y el lugar donde recibirían las bendiciones de Dios.

Todo parecía estar dispuesto para que las promesas hechas a Abraham se cumplieran. Los israelitas pasaron un año cerca del monte Sinaí, construyendo el tabernáculo y preparándose para su jornada. Pero esta no había de ser una sencilla caminata vespertina, sino una marcha a gran escala de proporciones militares.

Empacaron su campamento para realizar su jornada hacia dicha tierra, una jornada que debió durar menos de dos semanas. Sin embargo, las cosas no salieron como se planificaron.

Te imaginarás que después del incidente del becerro de oro, los israelitas tendrían, como se dice vulgarmente, sus rabos entre las piernas y tratarían a Dios con más respeto. Sin embargo, hicieron lo opuesto.

> Todo parecía estar dispuesto para que las promesas hechas a Abraham se cumplieran.

El pueblo se quejaba, se lamentaba y lloriqueaba a cada paso del camino por la comida y las condiciones difíciles del viaje. Refunfuñaban pensando en cómo la vida era mejor en Egipto. Temblaron de miedo cuando sus espías descubrieron que la tierra de Canaán estaba ocupada por gente fuerte con ciudades fortificadas. E incluso planificaron una rebelión e hicieron un complot para matar a Moisés y Aarón con el fin de dirigirse de nuevo a Egipto, donde en ese momento la vida parecía ser más fácil.

Obviamente, Dios no estaba feliz con eso. No estaba contento con sus refunfuños, su falta de fe y su falta de respeto. Los llamó malvados y obstinados, y como castigo por su desdén, declaró que ninguno de ellos viviría en la tierra prometida. Todos morirían en el desierto, y serían sus hijos quienes ocuparían la nueva tierra.

Así que estuvieron vagabundeando de un lugar a otro por el desierto durante décadas.* Pasaron casi cuarenta años luego de que el pueblo de Israel dejara Egipto, y para ese entonces, una nueva generación se hallaba ante Moisés, en la frontera de Canaán. El libro de Deuteronomio registra las palabras finales de Moisés dirigidas a esa nueva generación de israelitas, cuando se reunieron en las planicies de Moab. Bajo estas circunstancias, por medio de los tres discursos de Moisés, Dios renovó sus promesas y le recordó a su pueblo obedecer sus mandamientos, o, de lo contrario, perderían su bendición y la tierra que estaban a punto de recibir. Al igual que en los libros anteriores, Deuteronomio nos muestra que Dios está en control, obrando para cumplir sus promesas y restaurar la relación que el hombre había suspendido. El amor entre Dios y su pueblo, y el llamado a mantener un compromiso absoluto por medio de la obediencia y la adoración, son temas predominantes en todo el libro.

Justo cuando el pueblo de Israel estaba preparándose para entrar a la tierra prometida, su gran líder Moisés murió. Dios escogió a Josué, el ayudante de este, para realizar la tarea de guiar a Israel hasta Canaán. Por lo tanto, el libro de Josué comienza con esta transición de liderazgo.

Una de las primeras cosas que Dios le dijo a Josué era que los israelitas debían cruzar el río Jordán y tomar la tierra que él les estaba dando. Sin embargo, las circunstancias no iban a ser fáciles. Jacob y su familia habían estado en Egipto por cientos de años, y para ese entonces, la tierra prometida había sido ocupada por pueblos de las diferentes naciones circundantes. La solución no consistía simplemente en aparecerse allí y decir: «Bueno, lo sentimos, pero esta es nuestra tierra. Habíamos estado estancados en Egipto, pero, ¿qué creen? Ahora estamos aquí; así que, andando». Eso no era tan fácil. Ellos deberían pelear por esa tierra. Bajo esas circunstancias, Dios le dijo a Josué y a los israelitas que fueran «fuertes y valientes» y que tuvieran «firmeza para obedecer» todos sus mandamientos.

Los primeros cinco capítulos del libro de Josué registran los preparativos espirituales, morales, físicos y militares de Israel, antes de iniciar su conquista de la tierra prometida. Luego vienen algunos de los más fascinantes y violentos capítulos de la Biblia, ya que describen la dramática entrada de Israel a

> Dios renovó
> sus promesas y
> le recordó a su
> pueblo obedecer
> sus mandamientos,
> o, de lo contrario,
> perderían su
> bendición y la
> tierra que estaban
> a punto de recibir.

dicha tierra a través del río Jordán y las subsecuentes batallas. Aquí leemos sobre algunos encuentros bastante feroces, cuando los israelitas pelearon y vencieron a sus oponentes. Sin embargo, los israelitas no siguieron el consejo de Dios y fallaron al no eliminar completamente a sus adversarios, permitiendo que algunos de ellos se quedaran allí (esto terminaría por ser un error con serias consecuencias). Una vez que el pueblo de Israel tomó el control de la tierra, se la repartieron entre las doce tribus. El libro de Josué concluye con un conmovedor sermón de este nuevo dirigente, en el cual evoca las piadosas acciones de Dios y motiva a los israelitas a permanecer fieles a él. Josué murió, y leemos que los israelitas que le sobrevivieron, continuaron sirviendo a Dios en su nueva tierra.

¿Dónde estamos?

Los libros de Números y Deuteronomio concluyen el Pentateuco (los cinco primeros libros de la Biblia). Josué es el sexto libro de la Biblia y es el primero de los doce libros históricos del Antiguo Testamento. Detalla la historia de Israel y la continúa hasta el libro de Jueces.

¿Qué época es?

Luego de que Moisés recibiera los Diez Mandamientos y un año de preparación, Números cubre treinta y ocho años de la vida de Israel, vagando hacia la tierra prometida. Deuteronomio cubre un corto período de aproximadamente un mes. Moisés muere al final de este libro, alrededor del año 1405 a.C. El libro de Josué cubre un período aproximado de quince años.

En pocas palabras

Números registra la historia de la jornada de Israel desde el monte Sinaí hasta las planicies de Moab, un viaje que les tomó casi cuarenta años. Deuteronomio registra los tres discursos de Moisés a Israel en las planicies de Moab, justo antes de entrar a la tierra prometida. El libro de Josué comienza donde termina Deuteronomio. Describe la transición del liderazgo de Moisés a Josué y las campañas militares de Israel cuando conquistaron a más de treinta ejércitos enemigos. El libro también registra la división de la tierra entre las tribus y el discurso final de Josué a la nueva nación.

¿Quiénes son los principales personajes?

Moisés y Josué, Aarón y Miriam.

Misceláneas

- El nombre Josué significa «salvación» o «salvador», y es el equivalente hebreo al nombre «Jesús».

- El título hebreo del libro de Números se traduce «en el desierto».

- El título hebreo del libro de Deuteronomio se traduce «Palabras». Este título refleja la repetición de la ley por parte de Moisés.

Si esperas que el libro de jueces trate sobre hombres con cara de halcones usando pelucas blancas y trajes negros, sentados detrás de unas grandes bancas de roble, golpeando martillos y diciendo: «Es decisión de esta corte que usted sea transferido a las colonias externas, donde pasará el resto de su vida», estarás profundamente decepcionado.

Jueces es mucho más vívido que eso, y lo descubrirás rápidamente al leerlo. Los jueces no eran como aquellos en los cuales pensamos en el sentido moderno, tanto legal como judicial. De hecho, se parecían menos a la jueza Judy y más al juez Dredd. Cuando Ben era niño, el juez Dredd era una de sus historietas favoritas. Los jueces de esa serie futurista recorrían las calles en enormes motocicletas, luchando contra el crimen, protegiendo a los necesitados y repartiendo justicia de mano dura a los chicos malos en el mismo acto de sus fechorías. Defendían lo que era correcto y no tenían temor de luchar. Aparecían cuando las cosas malas ocurrían, muy parecido a los jueces sobre los que leemos en la Biblia.

Los jueces eran líderes que rescataban a Israel de la opresión de los poderes circundantes. Fueron hombres, y una mujer, a quienes Dios eligió y levantó para gobernar a Israel en su nombre. No recibían ingreso financiero alguno por su trabajo y no llevaban ninguna señal externa de dignidad, pero causaron una profunda impresión en la vida política y religiosa de Israel por más de trescientos años.

El libro menciona a trece jueces en total. Algunos, como Débora, Gedeón y Sansón, se describen con detalles. Y otros, como Ibsán, Elón y Abdón, solo se mencionan brevemente. Algunos, como Tola y Yaír, guiaron a Israel en tiempos de relativa paz, mientras que otros, como Aod, Jefté y Otoniel, eran guerreros diestros y competentes que experimentaron la batalla y la guerra de primera mano.

Recordarás que luego de muchos años, luchas y aventuras, el pueblo de Dios finalmente reclamó las promesas hechas a Abraham. Josué y los israelitas ocuparon la tierra prometida a Israel. Pero tras la muerte de la generación de Josué, los israelitas se olvidaron de Dios y de todo lo que él había hecho por ellos. En total desobediencia a los mandamientos divinos, comenzaron a seguir a y adorar a los diferentes dioses e ídolos de sus vecinos, los cananeos, amorreos, ferezeos, hititas, estalactitas y estalagmitas... la misma gente que no expulsaron de esta tierra como Dios les había ordenado.

> Los jueces fueron hombres, y una mujer, a quienes Dios eligió y levantó para gobernar Israel en su nombre.

Los israelitas adoptaron las prácticas de adoración a los dioses locales de la fertilidad. Baal y Astarté, dos de los dioses más populares en esa tierra, implicaban malas noticias, como la prostitución en los templos e incluso sacrificios infantiles. Como puedes imaginarte, Dios no estaba feliz de que su pueblo elegido le hubiera dado la espalda, hubiera quebrantado flagrantemente sus leyes y se estuviera involucrando en toda clase de actividades detestables.

Tal vez, a estas alturas ya percibas una idea general sobre el comportamiento de los israelitas. Dios seguía haciendo cosas milagrosas, y su pueblo, en lugar de ofrecerle gratitud y obediencia especial, seguía olvidándose de él. Bueno, acostúmbrate a ello, porque es un tema recurrente a través de toda la historia del Antiguo Testamento (y para ser francos, también es un tema recurrente en la vida moderna de hoy).

Aquel que debió haber sido uno de sus más grandes momentos, termina siendo para la sociedad israelita un tiempo de desesperanza y desorganización. Son saqueados por los invasores y sufren angustias. Esto sucedió una y otra vez. De hecho, todo el libro de Jueces consiste en una serie de ciclos recurrentes. Dejemos que la misma Palabra nos lo indique:

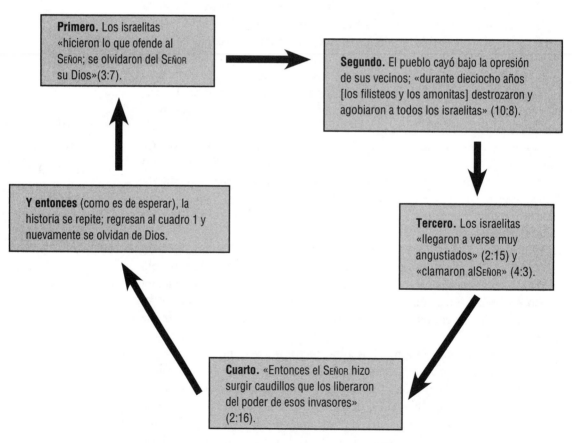

Como puedes ver, todas estas citas son tomadas del libro de Jueces.

Así, por ejemplo, los israelitas fueron oprimidos durante ocho años por el rey de Aram Najarayin; luego, salvados y guiados por el juez Otoniel durante cuarenta años; después, oprimidos por el rey Eglón por dieciocho años, y salvados y guiados por los jueces Aod y Samgar por ochenta años; más tarde oprimidos por el rey cananeo Jabín por veinte años, y salvados y guiados por la jueza Débora por cuarenta años… y así sucesivamente.

¡Te lo advertimos! Las vidas y las épocas de los jueces no son aptas para los pusilánimes. Al poco tiempo de iniciar el libro, Israel se ve involucrado en una batalla y mata a diez mil hombres. La violencia continúa batalla tras batalla. Y hay muchas historias de horror. A Adoní Bézec le cortaron sus pulgares y los dedos gordos de los pies. Aod mató al rey Eglón de Moab clavando profundamente una espada en su obeso estómago. La mujer Jael mató a Sísara, comandante militar de los cananeos, clavándole una estaca de su tienda en la frente mientras dormía. El extraordinariamente fuerte Sansón destruyó un edificio y mató a miles de personas.

A través del período de los jueces, nos damos cuenta de que Dios es serio cuando de salvar a su pueblo se trata. A él no le gustaba ver cuando este se apartaba de su camino para vivir bajo el liderazgo de extraños. Y a pesar de su constante rebelión y pecado, Dios aún está en control y dispuesto a perseverar con su pueblo.

En contraste con la falta de fe y desobediencia de Israel, el siguiente libro narra la historia de una mujer extranjera, y su devoción por Dios y el pueblo de Israel. Su nombre es Rut, de donde se deriva el nombre del libro. En esta bella y popular historia que toma lugar en el tiempo de los jueces, se muestra cómo esta joven moabita entregó su vida al cuidado de su suegra (Rut 1:16-17) y fue ricamente bendecida. Los israelitas y los paganos moabitas no se llevaban bien. Por lo tanto, es un ejemplo de gran benevolencia que Rut haya encontrado tal favor con los israelitas.

El giro final de la narrativa llega en las últimas palabras del libro. Debido a su devoción, esta indigente viuda en una tierra extraña se casó con un amable y acaudalado israelita llamado Booz, e inició una familia. Así descubrimos que Rut se convertiría en la bisabuela de un niño que crecería para ser el más grande gobernante de la historia de Israel. ¿Su nombre? El rey David.

> A través del período de los jueces, nos damos cuenta de que Dios es serio cuando de salvar a su pueblo se trata.

¿Dónde estamos?

Jueces es el segundo de los libros históricos del Antiguo Testamento. Empieza donde el libro de Josué termina y es seguido por el libro de Rut, el cual narra la historia de una fiel mujer que vivió durante la era rebelde de los jueces. Luego de esto, los libros históricos detallan la era de la monarquía israelita.

¿Qué época es?

Los eventos cubiertos en el libro de Jueces abarcan un período de trescientos treinta y cinco años, desde el 1380 a.C. hasta el 1045 a.C. Histó-

ricamente, narra las altas y bajas de la vida política y religiosa de Israel y las naciones que lo rodeaban, después de la generación de Josué, pero antes del surgimiento de los grandes reyes israelitas.

En pocas palabras

Jueces trata sobre la fluctuante devoción de Israel a Dios y de la fidelidad de Dios para rescatarlos. El libro está compuesto de varios ciclos. En resumen: los israelitas abandonan a Dios, son oprimidos por gobernantes extranjeros, imploran angustiados y son luego rescatados bajo el liderazgo de un juez enviado por Dios. Rut, en contraste, explora la fidelidad de una mujer moabita hacia Dios y su familia israelita.

¿Quiénes son los principales personajes?

Los principales jueces: Otoniel, Aod, Débora, Gedeón, Jefté y Sansón. Los jueces menores: Sangar, Tola, Yaír, Abesán, Elón y Abdón. También Rut, Noemí (la suegra de Rut) y Booz (el nuevo esposo de esta).

Miscelánea

- Jueces es uno de los libros más violentos de la Biblia.

- El juez Aod recibe una de las más originales descripciones de la Biblia. Él es «Aod ... quien era zurdo» (3:15).

- Cusán Risatayin es el segundo nombre más largo en la Biblia, mencionado en Jueces 3:8.

- Rut es uno de los únicos dos libros de la Biblia que llevan el nombre de una mujer.

- Según se narra en el libro de Mateo (1:5), Rut aparece como antecesora en la genealogía de Jesús.

Con la actuación de George Clooney, Mark Wahlberg y Ice Cube, el filme de 1999, *Tres Reyes,* narra la historia de tres soldados norteamericanos que se tropiezan con un depósito de oro durante el cumplimiento de su deber en la Guerra del Golfo.

Tres mil años antes de que Clooney y compañía vagaran alrededor del Golfo, sin embargo, hubo tres reyes *verdaderos*, los primeros reyes de Israel. Bajo el reinado de Saúl, David y Salomón, Israel prosperó y alcanzó su época dorada. Era finalmente una nación con territorio, un rey, éxito militar, crecimiento económico, seguridad nacional y un templo como ningún otro jamás haya visto el mundo. Algunas de las promesas de Dios se estaban finalmente cumpliendo.

Los trece jueces habían gobernado a Israel por trescientos treinta y cinco años. Cuando el último juez, Samuel, envejeció, los israelitas lo presionaron para que designara un rey, porque querían ser como las otras naciones. Samuel les advirtió que si ellos elegían a un rey por su cuenta, este demandaría cosas de ellos; pero los israelitas insistieron de todas formas.

> Algunas de las promesas de Dios finalmente se estaban cumpliendo.

Saúl

Es así como en el 1050 a.C., Samuel designó a Saúl como primer rey de Israel. Saúl fue descrito como un joven impresionante y sin igual, treinta centímetros más alto que cualquier otro israelita. Tenía treinta años cuando se convirtió en rey, y tal vez esto provocó que el pueblo tuviera dudas sobre él. Pero esas dudas pronto se disiparon. Inmediatamente después de que Saúl se convirtiera en rey, el desagradable líder amonita Najás sitió el pueblo de Jabés y planeaba sacarles el ojo derecho a todos los habitantes de ese pueblo. Saúl dirigió a trescientos treinta mil hombres para realizar un ataque antes del amanecer y destruyó a los amonitas. Saúl continuó con otros éxitos militares, pero pronto su orgullo se interpuso en el camino de su liderazgo y perdió el favor de Dios. Samuel le dijo que sus días como rey estaban contados y que otro ocuparía su lugar.

David

Dios eligió a un joven pastor llamado David para ser el siguiente rey. David era el más joven de siete hermanos, descrito como «buen mozo, trigueño y de buena presencia» (1 Samuel 16:12). Inicialmente sirvió a Saúl como músico en la corte del rey. Pero en realidad se hizo notar ante el público luego de un valiente encuentro militar con Goliat, el gigante guerrero filisteo, a quien terminó matando con su honda de pastor y luego lo decapitó.

David acaudilló exitosamente a Israel en una serie de campañas militares y pronto se convirtió en el héroe del pueblo. Si viviera en esta época, ocuparía la portada de la revista *Time*, y miles de sitios en Internet para fanáticos estarían dedicados a él. Los paparazi lo seguirían a dondequiera que fuera, y las rotativas cubrirían ampliamente a quien fuera su novia. El rey Saúl se puso increíblemente celoso de la popularidad de David. Se sintió tan amenazado por este, que trató de matarlo con una espada. Y de repente David se encontró a cargo de peligrosas misiones, durante las cuales Saúl ansiaba secretamente que fuera asesinado. Unos hombres llegaron a la casa de David para matarlo. La paranoia de Saúl empeoraba cada vez más. Ochenta y cinco sacerdotes fueron asesinados, y un pueblo fue destruido por haber ayudado a David a escapar.

Saúl estaba enfermo de celos, y el futuro se veía sombrío para David. Pero en una batalla militar, Saúl recibió una herida mortal y se mató en lugar de permitir que lo capturaran. Es así como, finalmente, David tomó el trono. A la sazón tenía treinta años de edad.

Por cuarenta años, David fue un rey eficaz y fuerte. Capturó la ciudad de Jerusalén y se estableció allí, e hizo de ella la capital de la nación y la sede de la valiosa arca de los israelitas. Durante ese tiempo, la nación prosperó y se expandió al mismo tiempo que David alcanzó un éxito tras otro en sus campañas militares.

Pero (sí, siempre hay un «pero») David tenía sus defectos. Durmió con la mujer de otro hombre (Betsabé), y ella quedó embarazada. Luego, para cubrir sus huellas, hizo que asesinaran a su esposo, al ubicarlo en una posición peligrosa en una batalla. Las cosas realmente empeoraron para David a partir de ese momento. Su familia fue azotada por ese tipo de problemas que esperarías ver en una telenovela. Sus hijos se involucraron en actividades de violación, incesto y asesinato. Uno de ellos conspiró en contra de él, durmiendo con sus concubinas y dirigiendo una rebelión que terminó en una batalla con veinte mil bajas. Lo que es más, el firme control de David en su gobierno como rey pareció resbalar cuando tomó una serie de malas decisiones. Pero a pesar de esos fracasos, todavía se le recuerda como el gran rey de Israel.

> La nación prosperó y se expandió al mismo tiempo que David alcanzó un éxito tras otro en sus campañas militares.

Salomón

Luego de la muerte de David, su hijo Salomón ocupó el puesto de rey en el 970 a.C., y bajo su reinado, Israel gozó de su mayor gloria. El pueblo vivió en paz, y fue próspero y feliz. El caudal económico de Salomón va más allá de toda imaginación, algo así como un Bill Gates de la antigüedad; excepto que Salomón tuvo setecientas esposas y Bill Gates no. Salomón, un hombre inteligente y erudito, fue (y todavía es) famoso por su sabiduría, entendimiento y conocimiento. Fue el autor de miles de proverbios (refranes sabios) y escribió más de mil canciones. La característica clave del reinado de Salomón fue la construcción de un enorme templo dedicado al Señor. No se escatimó ningún gasto para este sobresaliente logro arquitectónico, construido de los más finos materiales y por los mejores artesanos. Puedes leer los detalles al respecto en 1 Reyes 5—8 y 2 Crónicas 2—5. El templo se convirtió en la representación visible de la presencia y bendición de Dios. Era el corazón de la nación de Israel, un lugar donde Dios viviría entre su pueblo en una estructura permanente que llegó a ser el edificio más excelente del mundo. Fue el centro de la atención del pueblo y símbolo de su relación con Dios. Desde sus humildes inicios como pueblo esclavo, Israel se había convertido en una poderosa nación con superioridad y riqueza. Pero, al igual que sucedió con muchos de sus antecesores, Salomón se alejó de Dios, y su período de gloria tocó su fin. En aquellos días, era común que un hombre tuviera más de una esposa. Salomón tuvo setecientas de ellas; no porque fuera un mujeriego, sino como resultado de acertadas alianzas políticas con las naciones circundantes. Desafortunadamente, esto contribuyó a su caída. Muchas de las esposas de Salomón no tenían temor de Dios y trajeron con ellas sus propios templos con sus rituales y creencias paganas. Cuando Salomón envejeció, algunas de sus esposas lo convencieron para adorar a los ídolos de los pueblos vecinos de Israel. Y a pesar de toda su sabiduría, el celo de Salomón por Dios disminuyó, y su lealtad se dividió entre sus esposas y Dios. Cuando Salomón murió, el rey con un corazón dividido dejó un reino dividido.

> El templo se convirtió en la representación visible de la presencia y bendición de Dios. Era el corazón de la nación de Israel, un lugar donde Dios viviría entre su pueblo en una estructura permanente que llegó a ser el edificio más excelente del mundo.

¿Dónde estamos?

Los ciento setenta y cinco años de narración de los tres reyes siguen a los trescientos treinta y cinco años de gobierno de los jueces. Estos se narran en los libros históricos de 1 y 2 Samuel, 1 Reyes y 1 y 2 Crónicas.

¿Qué época es?

Samuel nació en el 1105 a.C. Las vidas y reinados de Saúl, David y Salomón siguen su curso hasta el final del reinado de Salomón, en el 930 a.C.

En pocas palabras

El período de los reinados de Saúl, David y Salomón fue uno de los más prósperos y gloriosos para Israel. Pero aunque estos reyes tenían toda la buena intención de servir a Dios, también tenían sus insensateces, las cuales incluyen adulterio, asesinato, idolatría y desobediencia.

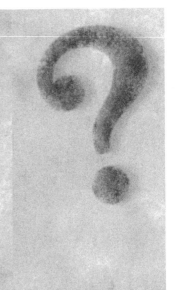

¿Quiénes son los principales personajes?

Elí (un sumo sacerdote), Ana (madre del profeta Samuel), Samuel, Saúl, David, Goliat, Jonatán (hijo de Saúl y mejor amigo de David), Betsabé, Urías (marido de Betsabé) y Salomón.

Miscelánea

- David fue un prolífero compositor. Escribió el Salmo 40, que luego se convirtió en la canción número uno interpretada por el grupo irlandés U2 («40»).

- Después de Jesús, David es la persona más nombrada en la Biblia, con un total de mil ciento dieciocho menciones.

- El templo de Salomón fue construido por treinta mil obreros, setenta mil transportistas y ochenta mil escultores de piedra, así como también tres mil trescientos supervisores.

En ocasiones, varios grupos dentro de un país nunca están de acuerdo. Esto puede provocar conflictos, y en casos extremos, una nación puede dividirse en dos. Por ejemplo, los Estados Unidos. Podrán estar unidos en la actualidad, pero ese no fue siempre el caso. Durante la década de 1850, la hostilidad provocada por el tema de la esclavitud causó estragos entre los estados del norte y del sur. La situación empeoró a tal grado que en diciembre del 1860, Carolina del Sur se retiró de la Unión y pronto se unieron a ella otros diez estados disidentes del sur. Se autodenominaron la Confederación de Estados de América, y eligieron a su propio líder y su ciudad capital. El pueblo de Los Estados Unidos de América se dividió en dos facciones, y durante los siguientes cuatro años, se desató una guerra civil dentro del país.

Ejemplos más recientes de la división de países por conflictos políticos y sociales son Corea del Norte y del Sur, y la actual reunificada Alemania del Este y del Oeste.

Israel sufrió una división similar hace miles de años. Bajo el gobierno de sus primeros tres reyes (Saúl, David y Salomón), Israel gozó de un próspero período de grandeza. Pero eso se vino abajo en los años finales de Salomón, cuando este comenzó a seguir a dioses falsos de algunas de sus muchas esposas.

Tras la muerte de Salomón, las doce tribus que conformaban Israel comenzaron a debatir quién debía ser el siguiente rey. El hijo de Salomón, Roboán, llegó al trono, pero pronto resultó ser un severo dictador que prometía gobernar rigurosamente. Como consecuencia, las diez tribus del norte se separaron del rey Roboán y eligieron su propio rey, un individuo conocido como Jeroboán.* Jeroboán había sido uno de los funcionarios de Salomón, hombre poderoso que había dirigido la fuerza laboral de este rey. Y con la coronación de Jeroboán, la nación de Israel, los descendientes de los doce hijos de Jacob, se dividieron en dos facciones.

Ahora esto se pone un poco confuso, así que quédate con nosotros. Las diez tribus del norte mantuvieron el nombre de Israel, aunque técnicamente todas las doce tribus aún constituían la nación de Israel. Las dos tribus del sur se llamaron Judá, porque Judá era la tribu dominante del sur. En pocas palabras, la nación de Israel se dividió en dos partes desiguales:

*Sí, sería menos confuso si Roboán y Jeroboán no sonaran tan parecido. Sería mucho más fácil si, por ejemplo, se hubieran llamado Roberto y Jeremías.

- Diez tribus en el norte guiadas por Jeroboán (funcionario de Salomón), que mantuvieron el nombre de Israel. Su ciudad capital era Samaria.

- Dos tribus en el sur guiadas por Roboán (el hijo de Salomón), que se autodenominaron Judá. Su ciudad capital era Jerusalén.

Una guerra civil parecía inevitable. Judá (compuesta por las tribus de Judá y Benjamín) amasó de inmediato una fuerza de ciento ochenta mil guerreros para recuperar el trono. Pero, por medio del profeta Semaías, Dios les dijo que no pelearan en contra de sus hermanos. Y así se evitó la guerra.

El resto de 1 y 2 Reyes cubre las extensas historias gemelas de estos dos reinos y su caída desde la grandeza. Tanto las tribus del norte como las del sur comenzaron a deslizarse hacia la decadencia moral. Las peleas y las riñas entre los dos reinos se convirtieron en una práctica normal, y el futuro comenzó a verse bastante lúgubre para ambos bandos.

En el norte (Israel), las cosas se volvieron amargas. Dieciocho reyes sucedieron a Jeroboán, y todos y cada uno de ellos fueron corruptos. En la mayoría de los casos, el rey llegó al poder asesinando a su predecesor. El más notable de todos fue el malvado rey Acab, quien no prestó atención a los mandamientos de Dios y condujo a Israel hacia la adoración del dios Baal, símbolo de la fertilidad, particularmente desagradable, de uno de los vecinos de Israel.

El panorama era de cierta forma un poco más brillante en el sur (Judá), donde en ocasiones emergían reyes benevolentes. De sus veinte reyes, ocho de ellos procuraron honrar a Dios. Sin embargo, al final, Judá siguió el mismo camino que las tribus del norte y también se apartó del favor de Dios. La gran nación de Dios le había dado la espalda.

> Sorprendentemente, a pesar de su rebelión, Dios permaneció siendo fiel a su pueblo.

Sorprendentemente, a pesar de su rebelión, Dios permaneció siendo fiel a su pueblo. Aquí iba a comenzar la era de los profetas. Eran hombres y mujeres que hablaban en nombre de Dios y advertían al pueblo y a su rey del inevitable juicio divino que les sobrevendría si continuaban desobedeciéndole. Visualízalos como la policía de asuntos especiales concernientes al pacto, un equipo de rescate conformado por tropas espirituales.

El primero de estos profetas fue Elías, de quien leemos por primera vez en 1 Reyes 17. Elías advirtió al rey Acab de las devastadoras consecuencias de guiar al pueblo de Dios hacia la idolatría. Pero los encuentros del rey con Elías resultaron ser infructuosos, e Israel cayó en pecados mayores. A Elías le sucedió Eliseo, pero su mensaje también cayó en oídos sordos. (Casi puedes imaginarte a Dios golpeándose la cabeza contra un muro.) Después de Elías y Eliseo, Dios continuó levantando más profetas. Sus escritos e historias conforman el último tercio del Antiguo Testamento.

¿Qué le iba a suceder a estos dos reinos? ¿Se volverían a Dios y resolverían su disputa referente a un rey? ¿O ambas naciones continuarían haciendo caso omiso a Dios y terminarían en el caos? ¿Qué pasaría con esas promesas hechas a los antepasados de Israel desde hacía muchos años? Quédate con nosotros y se te revelará más en el siguiente capítulo.

¿Dónde estamos?

Estamos aproximadamente en la tercera parte del Antiguo Testamento y a punto de terminar los libros históricos.

¿Qué época es?

El primer libro de Reyes comienza con la muerte de David y el inicio del reinado de Salomón, en el 970 a.C. Salomón murió cuarenta años después, en el 930 a.C., y en el año siguiente, la nación de Israel se dividió. Los libros de 1 y 2 Reyes y de 2 Crónicas narran la historia de estos dos reinos: el reino norte de Israel desde el 930 a.C. hasta el 722 a.C., y el reino sur de Judá desde el 930 a.C. hasta el 586 a.C.

En pocas palabras

Los capítulos finales de 1 Reyes y los primeros dieciséis capítulos de 2 Reyes narran la división de Israel y la subsecuente caída. Como resultado de la idolatría y la muerte del rey Salomón, las doce tribus de Israel se dividieron en dos grupos desiguales. Diez tribus en el norte mantuvieron el nombre de Israel, mientras que dos tribus en el sur se convirtieron en Judá. Esto marcó el principio del fin para ambas naciones, cuando reyes malvados y corruptos gobernaron y cayeron aun más en la idolatría.

El segundo libro de Crónicas es igual a 1 y 2 Reyes, pero prácticamente excluye el relato del reino norte de Israel, debido a su falsa adoración y su rechazo a reconocer el templo en Jerusalén.

¿Quiénes son los principales personajes?

Salomón, Jeroboán (gobernante de Israel), Roboán (hijo de Salomón y gobernante de Judá), y los profetas Elías y Eliseo.

Miscelánea

- Los dos libros de Reyes fueron inicialmente un solo libro, el cual fue dividido en dos para hacerlo más manejable en los rollos de pergaminos.
- Baal era el dios pagano de la fertilidad. La adoración a Baal involucraba sacrificios infantiles, prostitución, mucha actividad sexual y lascivia generalizada en torno a ídolos y símbolos fálicos.
- Dos partes favoritas de Pete en la Biblia están en el libro de Reyes. Primero, cuando Elías realizó una competencia con los cuatrocientos cincuenta profetas de Baal (1 Reyes 18). Ampliamente superado en número, él los derrotó y los hizo sacrificar. Segundo, cuando Eliseo fue vituperado por un grupo de jóvenes que lo insultaron con el equivalente antiguo a las palabras: «Piérdete, calvito» (2 Reyes 2:23-25). El profeta los maldijo, y dos osos salieron del bosque y despedazaron a los jóvenes. ¿La lección? ¡No te metas con los profetas del Señor!

Imagina por un momento que una nación extranjera invade tu país. Sus ejércitos llegan a raudales con tanques y aviones, y toman el control de un estado —o provincia— tras otro, hasta que llega el tiempo en que han ocupado la mitad norte de este. Pronto, toda la gente que vivía en aquellas áreas es agrupada y exiliada a una tierra distante, para nunca más volver. Ahora imagina que aproximadamente ciento treinta años después, aglomeran sus fuerzas y arrasan con las fortalezas remanentes del sur. Los ejércitos conquistan las ciudades, y todos son reunidos y enviados fuera de allí. Finalmente, los ejércitos invasores toman lo que queda del territorio, desmantelan todas las grandes edificaciones y emblemas culturales y los confiscan para llevar a cabo sus propios propósitos.

¿Cómo te sentirías si ves que tu sociedad, tu hogar y tu cultura son desmantelados? Imagina tus sentimientos de pérdida, devastación y desesperanza. De hecho, esto es similar a lo que les sucedió a los israelitas. Tanto el reino del norte como el del sur, habían estado luchando. Llegó el tiempo en que ejércitos extranjeros los invadieron, tomaron posesión de la tierra, deportaron a muchos israelitas y se apoderaron de sus posesiones. La sociedad israelita se desmoronó.

Pero el verdadero comienzo de esta caída había ocurrido mucho antes. Luego que Salomón murió, y las doce tribus de Israel se dividieron en Israel y Judá, el pueblo de Dios cayó en espiral hacia una rebelión en gran escala. La crisis llegó (en 2 Reyes 17—25) cuando los ejércitos extranjeros de Asiria, y más tarde de Babilonia, invadieron, conquistaron y capturaron las ciudades y los pueblos de los reinos del norte y del sur.

Uno de los reinos, el del norte (Israel), fue el peor. Ninguno de sus diecinueve reyes honró a Dios. Él muchas veces le había advertido a Israel que el pecado recurrente terminaría en su destrucción (1 Reyes 9:4-9), y llegó el momento en que su paciencia tocó su fin. Mientras Israel se debilitaba debido a sus reyes corruptos, Asiria, al norte de Israel, se fortalecía. Dios permitió que los asirios conquistaran a Israel (en el 725 a.C.) y se llevaran a sus habitantes como parte de su juicio sobre aquellos que repetidamente le desobedecieron. Esto significó la ruina para su entidad como nación. Con el tiempo, la gente

> Dios muchas veces le había advertido a Israel que el pecado recurrente terminaría en su destrucción, y llegó el momento en que su paciencia tocó su fin.

se casaría en una tierra extranjera y, luego de unas pocas generaciones, sería absorbida por la otra nación. Aquellos que quedaron en su territorio se casaron con extranjeros, y por lo tanto, sus hijos fueron medio israelitas y conocidos como samaritanos.

El reino del sur (Judá) duró un poco más que su vecino del norte, pero al final falló en aprender de los errores de Israel. Por consiguiente, ambos enfrentaron la ira de Dios y fueron invadidos primero por los asirios y luego por los babilonios. El corazón de la sociedad israelita, la ciudad de Jerusalén y el gran templo, fueron saqueados y destruidos aproximadamente en el 586 a.C. Muchos de los que permanecieron en Judá fueron tomados cautivos. Este programa de deportación representó una seria amenaza para el futuro de los israelitas. Aquellos que salieron, al igual que sus parientes del norte, fueron absorbidos por una nación extranjera. Judá fue fundada de nuevo por extranjeros que se casaron con israelitas.

Se conoce poco de lo que les sucedió a aquellos israelitas y lo que hicieron una vez que llegaron a sus nuevos destinos. La Biblia nos da poca información sobre estos prisioneros y las emociones que experimentaron. El Salmo 137 es un buen ejemplo, en el cual el autor recuerda con amargura los llantos junto a los ríos de Babilonia, al recordar su tierra natal. Allí sus verdugos exigieron a los israelitas que tocaran para ellos canciones de gozo, lo cual les resultó ser un trago amargo. El asunto principal es que el pueblo de Dios había perdido los preciosos emblemas nacionales que mostraban su favor: la tierra, el templo y su rey. Dieron a Dios por sentado y se rebelaron en contra de él, a pesar de las repetidas advertencias. Luego pagaron las consecuencias. Este período fue la época más baja en la historia de Israel. La pérdida de su tierra, el templo y su independencia sacudieron a los israelitas en lo más profundo de su ser, lo cual debería ser un recordatorio para todos nosotros: *Si continúas rechazando a Dios, llegará el tiempo en que él te rechazará a ti, y tú perderás sus bendiciones.*

Una vez conquistado Israel y su pueblo exiliado a tierras extranjeras, el favor de Dios y sus promesas a Abraham debieron haber desaparecido como una nube de humo. Para los israelitas de esa época, esto debe haberles parecido como el fin del mundo.

En medio de esta confusión, sin embargo, hubo un pequeño rayo de esperanza. El exilio no significó el fin absoluto para el pueblo de Dios. Sorprendentemente, él todavía tenía la intención de honrar sus promesas. Continuó levantando profetas durante esos tiempos, quienes explicaban por qué el juicio de Dios les había llegado. Ellos también dieron un rayo de esperanza. Aunque la tarea debió haber parecido imposible, con el tiempo, Dios restauraría a los israelitas, tanto física como espiritualmente.

Pero la forma en que eso habría de suceder todavía está por verse.

> Si continúas rechazando a Dios, llegará el tiempo en que él te rechazará a ti, y tú perderás sus bendiciones.

¿Dónde estamos?

La invasión de Asiria a Israel está registrada en 2 Reyes 17—18. Los capítulos restantes de 2 Reyes narran sobre los reyes sucesivos de Judá y su última caída en manos de los babilonios. También conocemos algo sobre este período en los libros proféticos de Ezequiel, Jeremías y Daniel. Nos estamos acercando al final de los libros históricos del Antiguo Testamento.

¿Qué época es?

El reino del norte (Israel) fue invadido por Asiria en el 725 a.C., y finalmente cayó en el 722 a.C., luego de lo cual la mayoría de los habitantes fueron deportados. El reino del sur (Judá) duró aproximadamente otros ciento treinta y seis años antes de caer en manos de los babilonios, cerca del 586 a.C.

En pocas palabras

A pesar de las repetidas advertencias de Dios por medio de varios profetas de que si los israelitas dejaban de guardar sus mandamientos, enfrentarían su juicio, ellos continuaron pecando y al final enfrentaron severas consecuencias. El reino del norte y, más tarde, el del reino sur fueron invadidos por los asirios y babilonios respectivamente. Ambos reinos perdieron la bendición de Dios y, como resultado, perdieron los beneficios de su favor. Ese fue el punto más bajo en la historia de Israel.

¿Quiénes son los principales personajes?

Entre otros, los reyes Ezequías, Manasés, Josías, Oseas, Nabucodonosor, Jeroboam II, Salmanasar V y Joacim. También los profetas Ezequiel, Jeremías y Daniel.

Miscelánea

- Israel tuvo diecinueve reyes después de Salomón, mientras que Judá tuvo veinte.

- Manasés tenía doce años, y Josías, ocho, cuando se convirtieron en reyes de Judá.

- El templo fue destruido por el fuego cuando los babilonios invadieron a Jerusalén, en el 586 a.C.

- Los judíos despreciaban a los samaritanos y se declaraban abiertamente hostiles hacia ellos porque eran mestizos. En Juan 4:1-26, una mujer samaritana se asombra cuando sucede lo impensable: Jesús (un judío) le pide a ella (una samaritana) que le dé de beber. Normalmente, los judíos no usaban ni siquiera un plato que hubiera usado un samaritano. De hecho, ¡ni siquiera pronunciaban la palabra «samaritano»!

- El Salmo 137 se convirtió en una exitosa canción, interpretada por Boney M en la década de 1970.

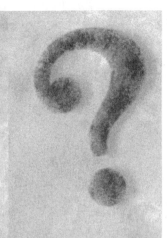

El equipo Las Valerosas Águilas Pescadoras (Manly Sea Eagles) fue uno de los más grandes clubes de la liga Australiana de Rugby en la década de 1970. Pero en el año 2000, el que antes fuera un gran equipo, fue derrotado, absorbido y trasladado al norte de Sydney como parte de un nuevo equipo fusionado, bajo el nombre de Águilas del Norte. Sus líderes fueron retirados del poder. Los fanáticos estaban devastados cuando el otrora gran estadio Oval Brookvale cayó en silencio, y años de historia se dejaron llevar con el viento hacia el norte. El nombre de Valerosas Águilas Pescadoras se había ido para siempre... ¿o no?

En el 2002, luego de unos pocos años en el páramo de la liga de rugby, la buena ventura recayó sobre las Águilas nuevamente y estas regresaron a su antiguo hogar. En el primer juego, un grupo de fanáticos irrumpió en la colina norte y simbólicamente la reclamó con su antigua bandera. El consejo local invirtió cientos de miles de dólares para mejorar el campo. Las camisetas y las páginas web florecieron, declarando orgullosamente: «¡Regresamos!» Hubo una gran celebración y algarabía cuando los jugadores y fanáticos se restablecieron bajo su antiguo nombre y en su sede original.

Estamos hilando muy fino al comparar los clubes de la liga de rugby con la historia de Israel; pero afortunadamente, tú captas la idea. Los reinos de Israel y Judá no pudieron caer más bajo. Habían sido derrotados por los asirios y luego por los babilonios. Gran parte de la ciudad de Jerusalén había sido destruida. Sus líderes habían sido retirados del poder, y los israelitas habían perdido su tierra, su templo y lo más importante, las bendiciones de Dios.

Sin embargo, él nunca abandonó a su pueblo. Los libros de Esdras, Nehemías y Ester registran uno de los más grandes actos de bondad de Dios. Él comenzó a obrar en los corazones de hombres y mujeres para traer un nuevo día en la historia de Israel. Sorprendentemente, luego de setenta años de cautiverio en Babilonia, a los israelitas se les permitió regresar a su tierra para reconstruir sus vidas

Muchas cosas habían sucedido desde que los israelitas habían sido arrancados de su patria. El libro de Esdras comienza setenta años después del final del libro anterior, 2 Crónicas, cuando Persia hubo conquistado a los babilonios y Ciro fue coronado como nuevo rey de Persia. De acuerdo con la profecía hecha por Jeremías años antes, Dios conmovió el corazón de Ciro de manera

> Dios comenzó a obrar en los corazones de hombres y mujeres para traer un nuevo día en la historia de Israel.

121

tan dramática, que en su primer año como rey permitió que los israelitas regresaran a su tierra prometida y reconstruyeran sus vidas.

Difícilmente podrás imaginar la emoción y expectativa que los primeros israelitas sintieron después de todo ese tiempo, al realizar su jornada de regreso a su patria. Aparentemente todos deben haber llevado una camiseta rotulada «¡Regresamos!» Pero eso no iba a ser fácil. Su gran ciudad ya no era lo que otrora había sido. La ciudad de Jerusalén y el templo habían llegado a un estado total de abandono debido a los saqueos de las invasiones, la ocupación y los años de negligencia. Había mucho trabajo por hacer.

Los exiliados comenzaron a regresar de Babilonia, pero no todos al mismo tiempo. En un período aproximado de cien años, un pequeño número de fieles israelitas que habían quedado atrás regresaron en tres repatriaciones separadas. El libro de Esdras narra las dos primeras de estas repatriaciones desde Babilonia. La primera fue dirigida por Zorobabel, quien subsecuentemente reconstruyó el templo y restauró las festividades religiosas. El sacerdote Esdras, quien era un verdadero influyente, dirigió la segunda. Esdras motivó y guió al pueblo a restablecer su devoción a Dios y a sus mandamientos. Si Esdras estuviera vivo en la actualidad, sería un orador elocuente de trascendencia internacional.

Sin embargo, no todo fue tan fácil. Hubo una considerable oposición por parte de los nuevos ocupantes de la tierra, lo cual produjo muchos dolores de cabeza a los israelitas que regresaban. Además, los israelitas continuaron desobedeciendo a Dios, y todo el proceso de restauración se estancó en varias ocasiones. Ataques e intimidaciones de sus vecinos amenazaban la obra de construcción. Hubo acciones para detener el trabajo y huelguistas por todas partes. Activistas subversivos trataron de socavar el proyecto, sugiriendo que el templo desestabilizaría la comunidad. Las condiciones difíciles y la oposición provocaron que el entusiasmo de la gente muriera, y la construcción se detuvo por un tiempo. Sin embargo, a pesar de la oposición, la reconstrucción de los muros y el templo finalmente volvieron a ponerse en marcha, gracias en gran parte a hombres como Esdras.

La historia de Ester se lleva a cabo en el intervalo de cincuenta y ocho años entre las dos repatriaciones (registradas en Esdras 6 y 7). Narra la historia de Ester, una entre tantos judíos que se quedaron atrás. Ella se convirtió en la reina de Persia y contribuyó a la supervivencia de los judíos que quedaron rezagados. El libro de Ester concierne una gran historia de traición e intriga en la cual prevalece la voluntad de Dios.

La tercera y última repatriación de los judíos se registra en el libro de Nehemías. Nehemías dirigió la repatriación de un grupo de israelitas a Jerusalén, trece años después de la jornada de Esdras. Luego de su regreso, Nehemías supervisó la reconstrucción del muro de la ciudad de Jerusalén. Esto tampoco fue fácil. Aquellos que regresaron, continuaron pecando y mostraron repetida oposición. Pero al final, luego de los sermones y las súplicas de Esdras y Nehemías, la ciudad y el templo fueron reconstruidos, y sus costumbres religiosas reinstaladas.

¿Había Israel renacido en verdad, o iban de nuevo a fallarle a Dios?

¿Dónde estamos?

El regreso de los israelitas marca el final de los libros históricos. Esdras, Nehemías y Ester vienen después de 1 y 2 Crónicas y antes de los libros de sabiduría y poesías, que empiezan con la historia de Job.

¿Qué época es?

Los libros de Esdras, Nehemías y Ester cubren un período aproximado de cien años. Los persas invadieron a Babilonia en el 539 a.C., y al año siguiente, un decreto de Ciro permitió a los exiliados regresar y reconstruir Jerusalén. El templo fue reconstruido en el 520 a.C., y el muro de Jerusalén fue completado alrededor del 445 a.C. Un número de fieles israelitas regresó a la tierra prometida durante este período de tiempo en tres jornadas diferentes. La primera entre los años 538-516 a.C.; la segunda entre el 458-457 a.C.; y la última entre el 444-425 a.C.

En pocas palabras

Dios usó a ciertos hombres y mujeres para que se emitiera un decreto que permitiera a los israelitas regresar a su tierra, después de setenta años de cautiverio. Los libros de Esdras, Nehemías y Ester registran los triunfos y fracasos de los israelitas que regresaron, y la reconstrucción de la ciudad y el templo de Jerusalén.

¿Quiénes son los principales personajes?

Esdras (sacerdote y escribano), Ciro (rey de Persia), los profetas Hageo y Zacarías, Nehemías (originalmente copero del rey de Persia y más tarde gobernador de Judá), Darío I (rey de Persia), Artajerjes (rey de Persia), y Ester (reina de Persia).

Miscelánea

- Ester es uno de los dos libros con nombre de mujer. El otro es Rut.

- Antes de convertirse en un líder y constructor de clase mundial, el trabajo de Nehemías consistía en probar el vino del rey para asegurarse de que no estuviera envenenado. Dado que la vida del rey estaba literalmente en las manos del probador de vino, el suyo era un trabajo importante que requería un alto nivel de confianza.

- La reconstrucción del muro tardó cincuenta y dos días.

- Ester es uno de los dos libros de la Biblia que no menciona el nombre de Dios.

- Los libros de Esdras y Nehemías fueron originalmente tratados como un solo libro. Fueron separados en dos a principios del siglo III d.C. La Biblia Wycliffe (1382) se refería al libro de Esdras como Esdras 1, y al libro de Nehemías como Esdras 2.

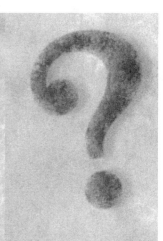

Muchos años antes de que nosotros (Ben y Pete) nos conociéramos, cierta vez coincidimos en el mismo concierto de rock. Fue en la gira mundial Fuego Inolvidable de U2. Al final del show, la banda terminó con una interpretación magistral de su canción «40». Uno a uno, los instrumentos fueron apagándose y las luces desvaneciéndose, dejándonos a nosotros dos, junto con 11.998 fanáticos más, cantando a todo pulmón la triste letra de esa canción en la oscuridad.*

La mayoría de los asistentes no debe haber estado consciente de que esa canción era algo así como una improvisación de última hora. Cuando U2 estaba grabando su álbum *Guerra* en 1983, necesitaban una canción más, pero ya llevaban una semana de retraso en el estudio. La historia dice que el cantante líder, Bono, sacó su Biblia y leyó estas palabras:

> Puse en el SEÑOR toda mi esperanza;
> él se inclinó hacia mí y escuchó mi clamor.
> Me sacó de la fosa de la muerte,
> del lodo y del pantano;
> puso mis pies sobre una roca,
> y me plantó en terreno firme.
> Puso en mis labios un cántico nuevo,
> un himno de alabanza a nuestro Dios.
> Al ver esto, muchos tuvieron miedo
> y pusieron su confianza en el SEÑOR.
>
> —SALMOS 40:1-3

Ellos le sacaron una melodía, y el resto es historia. Resulta asombroso pensar que la canción de U2, «40», es en realidad el Salmo 40, y que doce mil personas estábamos cantando su letra escrita por el rey David hace miles de años.

Salmos

El libro de Salmos es una antigua antología de ciento cincuenta cánticos, los cuales originalmente, por supuesto, incluían un acompañamiento musical. Imagínalo como una recopilación de discos compactos que se compone de canciones de oración y alabanza.

Las canciones son un gran medio de comunicación. Probablemente tengas unas cuantas canciones favoritas que te gusta cantar en la ducha. Algunas canciones conmueven tu corazón y te hacen sentir triste. Otras, por el contrario, te alborotan y hacen que sacudas tu guitarra imaginaria tras puertas cerradas. E incluso

> *Ben: Fue el mejor concierto en el que jamás haya estado.
> Pete: Sí, todavía tengo la camiseta.
> Ben: Yo también. Pero la mía aún me queda bien.

otras, como las que se interpretan en casa, hacen que quieras taparte los oídos y gritar: «¡Haz que terminen, mamá, por favor, haz que no la sigan tocando!» Los Salmos también son canciones y nos ayudan a expresarle a Dios nuestros sentimientos. Comunican prácticamente todo tipo de emoción: miedo y amor, confusión e ira, esperanza y alabanza, desesperación y gratitud.

Muchos de los salmos fueron escritos en tiempos de tristeza, y escuchamos a través de ellos el pesar o dolor que sintió el autor en esa época. Uno clásico es el Salmo 51, en el cual el rey David habla de su arrepentimiento por haber dormido con Betsabé (la esposa de otro hombre) y por haber ordenado la muerte de su esposo. Te puedes imaginar cuán humillado debe haberse sentido este gran hombre de Dios por ese incidente. Por eso, en ocasiones, algunos se refieren a este salmo como el «blues de la Biblia».

Sin embargo, muchas de estas canciones son animosas y están llenas de gozo. Mediante ellas se alaba y se engrandece a Dios por lo que él es y por lo que ha hecho. «Engrandezcan al Señor conmigo; exaltemos a una su nombre. Busqué al Señor, y él me respondió; me libró de todos mis temores», dice el Salmo 34 (con una guitarra sonora y muy efusiva). Es en este sentido que los Salmos nos enseñan cómo orar y cómo alabar a Dios.

De muchas maneras, los Salmos contienen las palabras más íntimas de la Biblia, ya que nos llevan sentir hasta las más profundas emociones humanas. Ellos nos abren una ventana a los pensamientos y sentimientos de personas fieles a Dios, que vivieron la grandeza y decadencia de Israel. Sus palabras son eternas, y a través de los años, han sido una fuente de consuelo y esperanza para millones que los han leído y cantado.

Cantar de los Cantares

Cantar de los Cantares (en ocasiones conocido como «Los Cantos de Salomón») se ha descrito como la «sección sellada» de la Biblia. A los jóvenes judíos de la antigüedad no se les permitía leer este libro. Es bastante obsceno, ¿no es verdad?

El libro es básicamente una carta de amor conversacional, llena de poesía apasionada, íntima y, en ocasiones, muy sensual. Admitámoslo, para nosotros es un poco difícil comprender parte de este libro. Trata de dibujar a esa mujer ideal usando los componentes descritos en el Cantar de los Cantares, y verás lo que queremos decir. Con palomas por ojos, cabello como un rebaño de cabritos, la torre de Babilonia por nariz, los dientes como rebaño de ovejas y dos cervatillos por pechos. Esa no es la clase de mujer con la que quisieras toparte en un callejón oscuro. Las descripciones pueden parecer un poco extrañas para nosotros, pero, ¡eran muy halagüeñas en la cultura antigua! Sobre todo, es un hermoso libro que nos muestra la intimidad, la devoción y el amor que Dios desea que cada pareja tenga. También nos muestra que Dios no es un mojigato. El sexo y la pasión son regalos para que un hombre y una mujer los gocen en una relación comprometida.

Los Salmos nos enseñan cómo orar y cómo alabar a Dios.

¿Dónde estamos?

Hemos dejado los libros históricos del Antiguo Testamento y nos estamos dirigiendo hacia algunas de las escrituras creativas, dichos sabios y profetas que emergieron en el período de tiempo que comprende desde el reinado de David (alrededor del 1000 a.C.) hasta el retorno del exilio (alrededor del 500 a.C.). Los libros poéticos del Antiguo Testamento vienen después de los libros históricos (de Génesis a Ester) y antes de los libros proféticos (de Isaías a Malaquías). Sus informaciones coinciden y a menudo se refieren a los eventos históricos descritos en los libros de Samuel, Reyes y Crónicas.

¿Qué época es?

El rey David, quien reinó alrededor del año 1000 a.C., escribió la mayoría de los Salmos. Algunos de ellos, sin embargo, pueden haberse escrito hasta 500 años después. Tradicionalmente, el rey Salomón recibe el crédito como autor de Cantar de los Cantares, aunque en realidad no lo sabemos. Si Salomón fue el autor, lo más probable es que lo hubiera escrito alrededor de los años 965-955 a.C.

En pocas palabras

Salmos es el cancionero de la Biblia. Contiene ciento cincuenta canciones que expresan una amplia variedad de emociones humanas. Cantar de los Cantares es un poema de amor apasionado e íntimo entre dos amantes, y es un gran ejemplo de las relaciones de amor que Dios quiere que tengamos.

¿Quiénes son los principales personajes?

El rey David y su hijo, el rey Salomón.

Miscelánea

- Se dice que Salomón escribió más de mil canciones (1 Reyes 4:32), que es más de lo que Elvis Presley escribió.

- La palabra *salmo* proviene de la palabra griega *psalmos*, que significa «canción» o «himno».

- Salmos es el libro más largo y posiblemente el más leído de toda la Biblia. Es el segundo libro del Antiguo Testamento más citado en el Nuevo Testamento (cuatrocientas catorce veces).

- El dramaturgo y poeta británico William Shakespeare, cumplió cuarenta y siete años en 1611, el año en que apareció la versión bíblica de King James. En esta versión, la palabra cuarenta y seis del Salmo 46, es *shake*, y la palabra cuarenta y siete, contando desde el final del Salmo 46, es *spear* (alguna gente tiene demasiado tiempo libre). Por coincidencia, en la Nueva Versión Internacional en inglés, la palabra cuarenta y seis del Salmo 46 es *Selah*, y la palabra cuarenta y siete, contando desde el final del Salmo 46 es *bow*, y sorprendentemente, no hay ningún dramaturgo famoso llamado Selahbow.

- Uno de los amigos de Pete hizo que grabaran en el anillo de bodas de su esposa el versículo de Cantares 8:7. Esta se enojó mucho cuando vio el versículo. El individuo no podía comprender por qué, hasta que vio el anillo. Lo habían grabado de manera incorrecta. Decía «Cantares 7:8», en lugar de 8:7. Mira y entenderás.

- El Cantar de los Cantares es uno de los dos libros de la Biblia que no menciona el nombre de Dios.

¿Qué tipo de libros son en la actualidad los más populares alrededor del mundo? Estarías en lo cierto si dices que los de novelas románticas y, definitivamente, los de novela de crimen. Pero todo lo que tienes que hacer es ir al sitio web de amazon.com o a tu librería preferida y ver cuántos libros de ayuda personal se han convertido en los éxitos del siglo XXI.

Los gurús de la vida moderna y de la ayuda personal escriben esta literatura de «sabiduría moderna». Pero lo que estos libros ofrecen, de una u otra manera, es conocimiento sobre la vida. La sabiduría es básicamente la destreza de saber cómo vivir, saber ordenar la vida de uno, tener éxito y buenas relaciones. Cada semana se publican libros que te enseñan cómo ser feliz, cómo perder peso, tener seguridad financiera, tener mejores relaciones, encontrarte a ti mismo, sanarte, mejorar, cocinar como un chef, estructurar tu ambiente de trabajo, ganar un millón de dólares en solo un año, ser mejor padre, ser mejor cónyuge, estar en paz, bailar bien, ganar amigos e influenciar en la gente, y cualquier otro tema concebible que pueda empezar con *Cómo…* o *Diez pasos para…* o *Guía práctica para…*

Esta clase de literatura no es nada nueva. Israel tenía sus propios dichos populares e historias encaminados a enseñar a los lectores sobre cómo vivir una vida eficaz y próspera. Estos escritos provienen de una variedad de hombres y mujeres sabios y se encuentran dispersos por todas las páginas de la Biblia. Sin embargo, tres libros del Antiguo Testamento son tan ricos en este tipo de literatura, que se conocen como libros de sabiduría. Son los libros de Job, Proverbios y Eclesiastés.

La sabiduría consiste en tomar buenas decisiones y vivir una vida que sea agradable a Dios. Una de las frases más importantes y recurrentes en los libros de sabiduría es «el temor del Señor». Este término significa «temor reverente y respeto por Dios». Cada libro contiene esta frase, y todos ellos enfatizan un saludable temor y respeto por Dios, como parte esencial para tener una vida balanceada y equilibrada.

Job

La historia de Job es uno de los más fascinantes —y probablemente controversiales— libros de la Biblia. Nos cuenta sobre Job, un acaudalado, exitoso y benevolente individuo, con una esposa y diez hijos. Pero en un solo día, todo su ganado se perdió, y todos sus hijos murieron en un tornado. Poco después

> La sabiduría consiste en tomar buenas decisiones y vivir una vida que sea agradable a Dios.

de eso, se infectó con dolorosos forúnculos por todo su cuerpo. Las cosas iban cuesta abajo para Job.

Este libro nos confronta con la realidad de que en ocasiones la gente buena sufre, y que a veces el mal y la calamidad parecen triunfar. Al leer Job, también podemos pensar en la gente que conocemos que está sufriendo, o pasando situaciones en la vida en las que les ha ido terriblemente mal, y la vida, sencillamente, no parece justa.

¿Cómo te sentirías si fueras Job? ¿Enojado? ¿Amargado? ¿Vengativo? La esposa de Job de seguro se sintió así. Ella quería que Job maldijera a Dios por su sufrimiento, pero él se mantuvo fiel, diciendo que seguiría a Dios en los malos momentos y no solo en los buenos. El libro consiste básicamente en una serie de conversaciones que Job mantuvo con algunos de sus amigos, mientras estos reflexionaban tratando de explicar su terrible sufrimiento. Al final del libro, Dios habla con Job en una larga serie de preguntas. El objetivo de estas preguntas fue procurar que Job se diera cuenta de que debe dejar a Dios ser Dios (debes sentirte complacido al saber que hay un final medio feliz, ya que Job es bendecido con dinero, hijos y longevidad).

Proverbios

El libro de Proverbios es la recopilación de cientos de declaraciones prácticas descritas «para adquirir sabiduría y disciplina; para discernir palabras de inteligencia; para recibir la corrección que dan la prudencia, la rectitud, la justicia y la equidad» (Proverbios 1:2-3). El libro pinta una imagen que muestra que la sabiduría conduce al éxito y a la felicidad, mientras que la falta de ella conduce a la tristeza y a los problemas.

Estamos acostumbrados al tipo de declaraciones que vemos en los calendarios de escritorio: «Mira antes de dar un paso», «Más vale pájaro en mano que cientos volando» o «Dale un pez a un hombre y comerá por un día; enséñale a pescar y comerá siempre». Luego vienen los menos conocidos: «No uses un hacha para quitar la mosca de la frente de tu amigo», «No respondas el teléfono cuando tengas una plancha caliente en la mano».

El libro de Proverbios contiene una variedad de aforismos sabios que abarcan casi todo tema universal. Sus dichos son válidos y aplicables en la actualidad, tal como lo fueron en el pasado. Aunque no son los Diez Mandamientos, estos proverbios nos ayudan a reflexionar sobre la vida humana. Nos enseñan sobre temas como el temor, el amor, la prosperidad, la pobreza, el matrimonio, el negocio, las finanzas, el adulterio, la holgazanería, el comportamiento necio, la ética, el trabajo, la familia, la violencia, la disciplina, la calumnia, el dominio propio, el perdón y la vida en general. Algunos Proverbios parecen prosaicos: «Si encuentras miel, no te empalagues; la mucha miel provoca náuseas» (25:16); mientras que otros son tajantes: «Aléjate de la adúltera; no te acerques a la puerta de su casa» (5:8).

Lo que hace que esta colección de proverbios sea única en su clase en el mundo antiguo es que fueron específicamente inspirados por Dios a través de la

> El libro de Proverbios contiene una variedad de aforismos sabios que abarcan casi todo tema universal. Sus dichos son válidos y aplicables en la actualidad, tal como lo fueron en el pasado.

vida de ciertos hombres, entre ellos el más notable: el rey Salomón. Salomón fue considerado uno de los hombres más sabios del mundo antiguo. Su sabiduría le inspiró a producir más de tres mil proverbios y más de mil canciones.

Eclesiastés

¿Alguna vez has estado reflexionando y preguntándote en qué consiste la vida y te has preguntado por qué pasas tanto tiempo trabajando, esforzándote y luchando, cuando a fin de cuentas mueres? En ocasiones, nada parece tener sentido, y carece de fin. Todo: la adquisición y la acumulación de posesiones, el estudio, el trabajo, las ampliaciones de las casas, la búsqueda del amor y el afán por destacarse.

El escritor de Eclesiastés tuvo también esos sentimientos (aunque no es seguro, muchos creen que el autor fue el rey Salomón). Este corto libro está escrito desde la perspectiva de un hombre extremadamente rico que mira hacia el pasado en busca del significado y propósito de la vida. Ha buscado el significado en varias direcciones: hacia el conocimiento, el trabajo arduo, la riqueza y la búsqueda del placer; pero solo ha encontrado «trivialidad» en todos sus esfuerzos. Construyó jardines, parques y casas; tuvo esclavos, un harén y acumuló tremendas cantidades de oro y plata. Pero al mirar retrospectivamente, se dio cuenta de que todo esto no tenía sentido, que era como «correr tras el viento». Encuentra que la vida es confusa y perpleja, misteriosa y contradictoria.

Sin embargo, esto no significa que debemos acostarnos mirando al techo todo el día. Su conclusión final es positiva: goza la vida que el Señor te ha dado y «teme, pues, a Dios y cumple sus mandamientos». El mundo puede disfrutarse, pero el verdadero significado proviene de una relación con Dios.

> El mundo puede disfrutarse, pero el verdadero significado proviene de una relación con Dios.

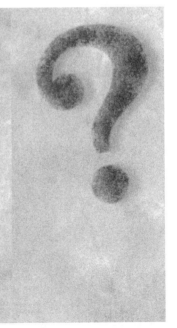

¿Dónde estamos?

Los libros de sabiduría se ubican aproximadamente en la mitad de la Biblia, entre los libros históricos y los libros proféticos del Antiguo Testamento.

¿Qué época es?

Algunos creen que el rey Salomón escribió la mayoría de los proverbios y el libro de Eclesiastés durante su reinado en Israel. Si ese fue el caso, estos dos libros debieron haberse escrito en algún momento entre el 970 a.C. y el 930 a.C. Se desconoce cuándo fue escrito el libro de Job, pero se cree que fue escrito antes que cualquier otro libro de la Biblia.

En pocas palabras

Los libros de sabiduría contienen los dichos sabios de los hombres sabios de Israel y básicamente del rey Salomón. El tema principal de todos estos libros es «temer a Dios» en toda circunstancia.

¿Quiénes son los principales personajes?

Salomón, Job y sus amigos (Elifaz, Bildad, Zofar y Eliú).

Miscelánea

- Muchos eruditos creen que Job es el libro más antiguo de la Biblia. Es posible que Job haya sido contemporáneo de Abraham.

- Uno de los dichos sabios preferidos de Ben proviene de la pluma de Salomón en el libro de Proverbios: «Como argolla de oro en hocico de cerdo es la mujer bella pero indiscreta» (11:22).

- La canción popular Turn, turn, turn [Gira, gira y gira], popularizada por los Byrds en 1973, fue inspirada en Eclesiastés 3.

- Uno de los más populares libros de «sabiduría» de la actualidad es aquel escrito por Stephen Covey, *Los siete hábitos de las personas altamente eficaces*, con una venta superior a diez millones de ejemplares. Resulta interesante que al final del libro, Covey declare: «Creo que los principios correctos son leyes naturales, y que Dios, el Creador y Padre de todos nosotros, es la fuente de estos principios».[1]

---

1. Stephen R. Covey, *Los siete hábitos de las personas altamente eficaces*, Ediciones Paidos Ibérica, 1997, p. 319 del original en inglés.

CAPÍTULO 26
HOMBRES DE VOZ IMPONENTE
HABLAN LOS PROFETAS

Isaías, Jeremías, Lamentaciones, Ezequiel, Oseas, Joel, Amós, Abdías, Jonás, Miqueas, Nahúm, Habacuc, Sofonías, Hageo, Zacarías, Malaquías

Cuando nos referimos a los libros históricos del Antiguo Testamento, leímos que la nación de Israel no fue capaz de mantenerse fiel a Dios. Entre los años 1000 a.C. y 400 a.C., Israel se fue alejando de Dios paulatinamente y comenzó a seguir los caminos de sus vecinos impíos. Como es de comprender, Dios no estaba demasiado contento con esa actitud de ellos, así que envió hombres a una misión especial para que les hablaran a los gobernantes y al pueblo sobre lo que él estaba pensando y lo que estaba haciendo o estaba a punto de hacer. Estos hombres, las tropas espirituales, eran los Hombres X… es decir, los profetas.

Un viejo rudo con barba y túnica se sube en una caja de madera ante las puertas de la ciudad: «Arrepiéntanse, pecadores, porque el reino de Dios está cerca», grita en medio de una risa maniática, apuntando con su dedo huesudo a todo aquel que pasa por delante.

¿Suena conocido? Esta es la imagen que mucha gente tiene en mente cuando escucha la palabra *profeta*. Pero los profetas eran diversos. Amós era un pastor y cuidaba de los árboles de sicómoro. Jeremías era un sacerdote. Isaías era un asesor judicial. Sofonías era un hombre prominente, probablemente de sangre real. Y Jonás no quería ser profeta en lo absoluto. Sin embargo, lo que todos ellos tenían en común era que le hablaban al pueblo sobre los temas de la obediencia, el juicio y la esperanza.

Mucha gente deja la lectura cuando llega a los últimos diecisiete libros del Antiguo Testamento (los libros proféticos). Algunas de las palabras de los profetas pueden parecer confusas y repetitivas, extemporáneas e irrelevantes para la vida actual. Y no nos asombra saber que los libros menos leídos de la Biblia son los de Isaías hasta Malaquías. Pero no pases por alto estos asombrosos libros. En muchos sentidos, los profetas son los escritores más «modernos» de la Biblia. Ellos tratan los mismos asuntos que confrontamos en la actualidad: el silencio de Dios cuando hay dolor, la desigualdad económica, la injusticia, la guerra, el sufrimiento implacable, la pérdida del sentido de la vida y la desilusión. Pero lo más importante es que estos libros nos dan una gran comprensión del corazón de Dios: qué le hace feliz y qué provoca su enojo; que le hace a aquellos que se rebelan en contra suya y cómo reacciona ante aquellos qué lo aman; cómo relacionarnos con él y cómo volvernos a él si esa relación está interrumpida.

Uno de los principales temas de los profetas es el *juicio*. Muchas de sus palabras cobran forma de advertencias, pronunciadas durante los días en que Israel

> Los libros proféticos tratan los mismos asuntos que confrontamos en la actualidad. Pero lo más importante es que estos libros nos dan una gran comprensión del corazón de Dios.

estaba dividido en dos naciones o cuando los israelitas estaban siendo conquistados por otros pueblos. Los profetas estaban tratando de transmitir el mensaje de que Dios no estaba feliz cuando los israelitas le daban la espalda, y que el castigo era inevitable a menos que sentaran cabeza y organizaran sus vidas. Este es un asunto bastante serio, ¿verdad?

Sin embargo, los profetas no eran del todo pesimistas y negativos. Otro elemento importante de su mensaje era la *esperanza*. Casi todos los profetas trajeron buenas nuevas. Ellos hablaban de un tiempo futuro en el que todo volvería a estar bien, un tiempo en el que Dios restauraría todas las cosas y en el cual las promesas hechas a Abraham se cumplirían plenamente. Por eso, muchos judíos del tiempo de Jesús (cuatrocientos años más tarde), estudiaron y debatieron los libros de los profetas más que cualquier otro libro. *Si Dios va a restaurar nuestra nación, ¿cómo sucederá? ¿Quién traerá la restauración? Y ¿qué sucederá cuando esta llegue?*

En un punto bajo de la historia de Israel, los profetas aludían a una nueva esperanza en Dios, y sus libros concluyen el Antiguo Testamento con grandes expectativas de que Dios estaba a punto de hacer algo realmente grande. Pero la pregunta es *¿qué?*

Isaías

Los profetas eran hombres que tenían la importante tarea de hablar en nombre de Dios en tiempos de tribulación. Dado que estos libros escritos por estos hombres ocupan una parte tan extensa y relevante de la Biblia, es importante que no le pasemos por encima demasiado a la ligera. Así que antes de seguir adelante, demos un vistazo más de cerca a uno de estos libros proféticos.

Si los profetas tuvieran sus propias tarjetas de colección, la de Isaías sería aquella que todos querrían tener. Mucha gente dice que él fue *el* gran profeta. Su libro es uno de los más largos de la Biblia, y contiene algunas de las más destacadas profecías que aparecen en el Antiguo Testamento sobre Jesús y su futuro reinado. Isaías era un individuo casado y con una familia (uno de sus hijos, Maher Salal Jasbaz, cuenta con el privilegio de tener el nombre más largo de la Biblia). Isaías predicó alrededor de doscientos años después de los gloriosos días de los reyes David y Salomón (aproximadamente entre los años 740-680 a.C.). Para cuando Isaías apareció, ya Israel estaba viviendo sus días más oscuros. Aquel que una vez fue un gran reino, se había dividido en dos. Israel y Judá habían abandonado a Dios, y sus líderes eran cada vez más corruptos. Los asirios ya habían invadido a Israel, y que Judá llegara a enfrentar el mismo destino era solo cuestión de tiempo. Isaías habló básicamente a las tribus del sur (Judá) en los días finales, antes de que también fueran invadidas.

Al igual que la mayoría de los profetas, Isaías tuvo esencialmente dos cosas que decirles a los israelitas:

1. Les advirtió que debido a su desobediencia, el juicio de Dios era inevitable. Al igual que las tribus del norte, las del sur también serían invadidas y perderían su territorio, su templo, su identidad, su libertad y las bendiciones de Dios. Isaías no se anduvo por las

Los profetas eran hombres que tenían la importante tarea de hablar en nombre de Dios en tiempos de tribulación.

ramas. Él usó un lenguaje atemorizante y perturbador. Habló con franqueza sobre la ira y la furia de Dios, y de los días de oscuridad, terror, dolor y angustia.

2. Sin embargo, Isaías también ofreció gran esperanza. Habló de la compasión de Dios y su disposición para perdonar. Les dijo a los israelitas que llegaría un tiempo en el cual Dios restauraría a aquellos que le fuesen fieles, y les daría un lugar para vivir, con todas las bendiciones que acompañan su favor. El profeta habló de grandes banquetes, alegres cánticos, victorias e interminable felicidad.

Algunas de las más emocionantes palabras de Isaías fueron sus profecías sobre la llegada de un Salvador. Muchas películas modernas han adoptado esta idea. En la extravagante película de Bruce Willis, *El Quinto Elemento*, los sacerdotes vaticinan la llegada de aquel (Leeloo) que salvaría al universo. Asimismo, la popular serie *Matrix* tiene su oráculo que habla de la venida de un salvador en la forma de Neo. Miles de años antes, sin embargo, Isaías ya estaba predicando de la llegada del verdadero Salvador. Isaías vaticinó sobre aquel que vendría a traer restauración al pueblo de Dios. Dijo que un niño habría de nacer bajo circunstancias milagrosas: «Por eso, el Señor mismo les dará una señal: La joven concebirá y dará a luz un hijo, y lo llamará Emanuel» (Isaías 7:14). Incluso el título del Salvador —**Emanuel**, que significa «Dios con nosotros»— sugiere la gracia y disposición de Dios para salvar a su pueblo.

Este prometido Salvador sería llamado «Consejero admirable, Dios fuerte, Padre eterno, Príncipe de paz» (9:6). Isaías continuó diciendo que este Salvador gobernaría «sobre el trono de David y sobre su reino, para establecerlo y sostenerlo con justicia y rectitud desde ahora y para siempre» (v. 7).

Además, con incomparable precisión, predijo la muerte de este Elegido en lo que han llegado a ser las más famosas palabras de la Biblia:

> Él fue traspasado por nuestras rebeliones, y molido por nuestras iniquidades; sobre él recayó el castigo, precio de nuestra paz, y gracias a sus heridas fuimos sanados. Todos andábamos perdidos, como ovejas; cada uno seguía su propio camino, pero el Señor hizo recaer sobre él la iniquidad de todos nosotros.
>
> —*Isaías 53:5-6*

Por varios cientos de años, generación tras generación, los israelitas vigilaron y esperaron la llegada de este prometido Salvador. Y un día, una estrella brilló en el cielo de la noche, y en un tranquilo pueblecito, un bebé nació.

Es aquí donde volcaremos nuestra atención hacia el Nuevo Testamento y leeremos sobre la llegada del Prometido. Es aquí donde leemos sobre Emanuel, «Dios con nosotros», el Salvador del mundo: Jesús.

Y un día, una estrella brilló en el cielo de la noche, y en un tranquilo pueblecito, un bebé nació.

¿Dónde estamos?

Los diecisiete libros de los profetas vienen después de los libros de sabiduría y poesía; se extienden desde Isaías hasta Malaquías y concluyen el Antiguo Testamento. Representan casi la mitad de los libros, y un tercio del contenido del Antiguo Testamento.

¿Qué época es?

Los profetas entraron en escena cuando los israelitas se estaban convirtiendo en unos corruptos morales, y se estaban alejando de Dios y sus caminos. La era de los profetas comenzó alrededor del 1000 a.C., durante el reinado de David, y se extendió hasta aproximadamente el 400 a.C., época en la que algunos de los israelitas regresaron a reconstruir la ciudad y el templo (como se registra en Esdras y Nehemías).

En pocas palabras

Los profetas eran hombres a quienes Dios inspiró para hablarle al pueblo sobre su relación con él y sobre lo que él estaba a punto de hacer. Estos hablaron sobre los temas de juicio y esperanza.

¿Quiénes son los principales personajes?

Los principales profetas fueron Isaías, Jeremías, Ezequiel y Daniel. Otros profetas que vale la pena mencionar, y que hablaron durante este período, son Elías y Eliseo, aunque estos no tienen sus propios libros. Puedes leer sobre ellos en 1 y 2 Reyes.

Miscelánea

- El libro de Isaías es el libro profético más largo. Es el libro del Antiguo Testamento más citado en el Nuevo Testamento (cuatrocientas diecinueve veces) y es citado en veintitrés libros.

- Ben quería llamar a su gato Habacuc, pero su esposa no se lo permitió.

- Maher Salal Jasbaz es el nombre más largo de la Biblia. Se le menciona en Isaías 8:1.

- Abdías es el libro más corto del Antiguo Testamento.

- El profeta Oseas estaba casado con una «mujer adúltera». Su amor por su esposa infiel fue considerado como un símbolo del amor de Dios por su pueblo infiel.

- El nombre de Isaías significa «El Señor Salva». Algunas fuentes dicen que lo asesinaron al colocarlo en un leño que luego fue aserrado por la mitad.

El libro final del Antiguo Testamento es Malaquías. Cuando lees las últimas palabras del libro y le das vuelta a la página, te encuentras en el siguiente libro, llamado Mateo.

En alguna parte de tu subconsciente, probablemente pienses que Mateo retoma la redacción donde Malaquías dejó el asunto, o que, por lo menos, Mateo fue escrito uno o dos años después de Malaquías. Pero ese no es el caso. En ese segundo que te toma voltear la página, la Biblia salta cuatrocientos años hacia el futuro. En la última página de Malaquías, te encuentras aproximadamente cuatrocientos años antes de Cristo, y al dar vuelta a la hoja, de repente ya estás en el tiempo de Jesús, ¡cuatrocientos años después! *¿Cómo es eso posible?*

Los autores de los libros de la Biblia no solo estaban registrando al azar hechos de la historia, sino que más bien, registraban *lo que Dios estaba haciendo* en la historia —tomando nota de sus pensamientos, palabras y acciones— y las subsecuentes reacciones del pueblo. Aparentemente, Dios estuvo en silencio alrededor de cuatrocientos años. Eso no quiere decir que estaba durmiendo en alguna parte o que se había quedado sin ideas, sino que había terminado de hablar por medio de sus profetas y esperaba el momento correcto para finalmente expresarse y actuar.

Sin embargo, mucho sucedió en el mundo antiguo durante este período de tiempo que vale la pena mencionar, ya que esto nos ayuda a comprender el contexto del Nuevo Testamento y la cultura en la cual Jesús vivió.

La situación política

Cuando algunos de los israelitas regresaron a su tierra para reconstruir a Jerusalén y el templo, lo hicieron con el permiso del rey del imperio persa, que había derrocado a los babilonios. Sin embargo, cuando llegaron su tierra, descubrieron que esta no era el imperio poderoso que esperaban encontrar. En lugar de ser un brillante faro para los otros países, Israel era una provincia relegada y de poca importancia para los persas. A los israelitas no se les permitía tener un rey, y todavía debían pagar impuestos a los persas. Muchos del pueblo habían perdido la fe y la esperanza. Pensaban que Dios los había abandonado. Su adoración se había vuelto seca e insípida. Las grandes promesas hechas a sus antepasados parecían haber desaparecido como polvo en el viento. Ahí es donde termina el Antiguo Testamento.

Si el Antiguo Testamento fuera una película, te pondrías de pie en medio de la sala del teatro y gritarías: «¡Esperen un segundo! Esto no puede terminar así. ¿Qué clase de final es *ese*? ¿Dónde está el desenlace? ¿Dónde está la conclusión?» Entonces te fijarías en la pantalla y leerías estas palabras: «Continuará»; y te darías cuenta de que aquello era solo la primera parte de una película que consta de dos.

Si te gustan las series de películas como *Viaje a las Estrellas, El Señor de los Anillos* o *Matrix*, o tal vez incluso *Locademia de Policía*, tienes un gran sentido de expectativa entre una y otra película. Resulta agonizante el tiempo de espera antes de que se lleve a cabo la siguiente presentación.

Pues pasaron cuatrocientos años antes de que la secuencia del Antiguo Testamento —el Nuevo Testamento— fuera escrita. Durante ese tiempo, justo cuando pensabas que las cosas no podían ponerse peor para el pueblo de Dios, ellos salieron de la sartén para caer en el fuego.

A medida que el tiempo pasaba, se presentaban revueltas esporádicas en varias regiones por todo el imperio. Los gobernantes persas iban y venían, pero ninguno de ellos fue en realidad completamente capaz de apaciguar los combates. Así que, al igual que los babilonios, los persas no pudieron mantener el control en todas las regiones. Unos cien años después, su imperio comenzó a desmoronarse.

La estocada final para el imperio persa llegó con Alejandro Magno. En el 334 a.C., junto a treinta y cinco mil soldados, Alejandro comenzó una serie de batallas que metódicamente destruirían a los persas y establecerían a su paso el más grande imperio que el mundo civilizado jamás hubiese visto. Único en la historia militar, Alejandro nunca fue vencido en batalla alguna. Poco a poco, a través de casi treinta y dos mil kilómetros* de cercos y batallas, se expandió su mundo bajo los pies del ejército griego. Alejandro tomó posesión de Babilonia y todas las grandes ciudades persas, así como de Egipto e India. Destruyó ciudades, tomó prisioneros a decenas de miles de personas y construyó sus propias ciudades. Provincias y países caían ante él. Este joven de veintisiete años había conquistado el noventa por ciento del mundo conocido. Comenzando en el 330 a.C., su imperio reinaría en supremacía por casi trescientos años.

Alejandro tomó el control del imperio a la tierna edad de veinte años. Al igual que los persas, les permitió a los judíos permanecer en su patria y les dio permiso para practicar sus costumbres religiosas. Cuando Alejandro murió, sus instrucciones para fijar un sucesor no fueron claras. Como resultado, cuatro colíderes gobernaron el imperio, al cual dividieron en veinte regiones. A través de los años que siguieron, continuaron más peleas y revueltas a medida que diferentes líderes iban y venían.

Para cuando llegamos a las primeras páginas del Nuevo Testamento y al mundo del primer siglo de la era cristiana, un nuevo imperio gobernaba y ocupaba la tierra prometida y gran parte del mundo conocido. En el siglo anterior al nacimiento de Jesús, los romanos se habían convertido en la fuerza dominante

---

Pasaron cuatrocientos años antes de que la secuencia del Antiguo Testamento —el Nuevo Testamento— fuera escrita.

* Casi 22.000 millas.

del mundo antiguo, gracias, en gran parte, a su gobernante llamado Pompeyo. Los romanos extendieron su poder militar y pronto gobernaron la mayor parte del mundo occidental.

Durante estos cuatrocientos años, los judíos continuaron reconstruyendo sus ciudades y sus casas. Sin embargo, muchos estaban frustrados porque las cosas no eran como solían ser cuando David y Salomón reinaban. Gobernantes extranjeros que no tenían respeto por Dios y sus mandamientos estaban gobernando a Israel. Como resultado, se levantaron focos de resistencia entre militantes judíos que procuraban su independencia de los gobernantes extranjeros. Acontecieron sangrientas batallas, y en algunos casos, muchas vidas se perdieron mientras los judíos luchaban por formar su propio gobierno. Pero ninguna de estas batallas tuvo éxito.

La situación religiosa judía

En lo que se refiere a la situación religiosa entre los israelitas, el cambio más notable es que no hubo monarquía. El nuevo gobernante de Israel no era un rey sino un sumo sacerdote. Este se convirtió en lo que se llamaría la cabeza religiosa y cívica de la comunidad judía, y quien solo rendía cuentas a la autoridad de los regentes seculares. Desafortunadamente, esta posición fue objeto de abusos tales, que para el primer siglo, los sumos sacerdotes eran a menudo corruptos debido al poder que ejercían.

El pueblo de Dios luchó por mantener su religión, a pesar de la fuerte persecución de los poderes extranjeros. Los griegos intentaron imponer su religión y sus costumbres entre los israelitas. Copias de sus sagradas escrituras (el Antiguo Testamento) fueron destruidas. El oro de su templo fue vendido, y se obligó a la gente a adorar dioses griegos. Decenas de miles de personas fueron asesinadas cuando el malvado Antíoco Epífanes (uno de los últimos reyes del imperio griego, que gobernó del 175 a.C. al 164 a.C.) aplastó una revuelta. Era un gobernante perverso, algo así como un Hitler antiguo que ordenó el sacrificio de mujeres y niños inocentes. Incluso el nombre con el que se denominó a sí mismo señala su arrogancia.* Antíoco erigió una estatua del dios griego Zeus en el templo, y más adelante horrorizó al pueblo cuando sacrificó un cerdo en ese lugar. Hizo una sopa del cerdo y la esparció por todo el templo. Debido a que los judíos consideraban al cerdo un animal impuro, ese fue probablemente el acto más ofensivo y degradante que se les pudo haber hecho. Esta acción provocó que pueblo judío llegara al colmo de lo que podían soportar, y la oposición contra Antíoco se enardeció. Un anciano llamado Matatías, junto a sus cinco hijos, dirigieron una revuelta en contra de él. Una guerra de veinticuatro años, conocida como la **Revuelta Macabea**, dio como resultado la independencia de Judá durante un período aproximado de ochenta años, hasta que los romanos tomaron el control en el 63 a.C.

Por desdicha, los romanos también persiguieron a los judíos y dificultaron la práctica de su devoción a Dios. En el 63 a.C., Pompeyo entró en Jerusalén tras un cerco de tres meses; asesinó al sacerdote en el templo y entró al Lugar Santísimo. Los judíos jamás perdonarían a los romanos por este sacrilegio.

El puebo de Dios luchó por mantener su religión, a pesar de la fuerte persecución de los poderes extranjeros.

* Epífanes significa: «manifestación divina».

139

Durante este período, el pueblo de Dios se desilusionó del liderazgo de Israel y del curso que estaban tomando las cosas, tanto política como espiritualmente. Se formaron varias facciones, cada una con su propia perspectiva de los ideales políticos y religiosos para Israel, de tal manera que, para cuando llegamos al mundo del primer siglo, existían varias sectas judías dentro de la comunidad. Los *fariseos* estaban dedicados a seguir la ley de Dios de manera casi patológica. De hecho, eran tan devotos y estrictos en su modo de seguir la ley, que añadieron sus propias leyes con el fin de estar seguros de estar obrando bien. Los *saduceos* eran sacerdotes acaudalados que controlaban el consejo regente judío y se beneficiaban de la ocupación romana.

Otro desarrollo importante durante este período fue la progresión de la forma final del Antiguo Testamento. Muchos israelitas fieles vieron la necesidad de tener un manual sobre cómo vivir y honrar a Dios, y comenzaron a reunir todas las escrituras tradicionales que consideraban palabras inspiradas por Dios. Una vez que hicieron esto, el cuerpo entero de las escrituras tradicionales fue editado en lo que más tarde se convirtió en el canon hebreo de las Escrituras. Esta recopilación y proceso de edición tardó varios siglos en completarse y provocó un intensificado estudio de los textos y el desarrollo de un grupo conocido como los *escribas* o rabíes (maestros).

La situación cultural

Con la mayoría de los israelitas esparcidos y perdidos en los países extranjeros, los pocos que permanecieron allí estaban tratando desesperadamente de aferrarse a sus costumbres: su lengua, su cultura, su ley y su religión. Ellos sabían que si se alejaban de estas y se olvidaban de su historia, del lenguaje y de las promesas de Dios, desaparecerían para siempre.

Pero mantener su cultura no fue fácil. Cuando Alejandro Magno comenzó a conquistar el mundo antiguo, trajo consigo una «cultura mundial» basada en la filosofía, la ley y la administración política griega. Esto, en muchos aspectos, habría de causar un gran efecto en los israelitas. Es probable que sea difícil para nosotros comprender cómo sucedió, pero podríamos compararlo con la manera en que en el mundo moderno, muchas culturas extranjeras han sido americanizadas. Los Estados Unidos tienen una influencia tremenda y poderosa. Las personas en países distantes ven películas y programas de televisión norteamericanos, escuchan música norteamericana, beben Coca-Cola, usan gorras de béisbol al revés, comen perros calientes, usan camisetas norteamericanas, juegan básquetbol y conocen la tonada del himno nacional norteamericano. Incluso, dicen cosas como: «*What's Up?*», «*Peace out*», y se llaman unos a otros «*Dude*». Y paradójicamente grotesco resulta que mucha gente de alrededor del mundo conoce más sobre la historia norteamericana que sobre la historia de su propio país.

En ese entonces, no se trataba de la americanización del mundo, sino de la helenización (influencia griega) del mundo. El griego se convirtió en el

Con la mayoría de los israelitas esparcidos y perdidos en los países extranjeros, los pocos que permanecieron estaban tratando desesperadamente de aferrarse a sus costumbres.

lenguaje estándar y universal de la antigüedad, a medida que los hábitos y las costumbres griegas florecían. Alejandro alentó activamente el matrimonio entre personas de diferentes entornos, con el fin de soslayar las divisiones culturales. Y lo que es más importante, los griegos fueron originarios del *hummus, el tabule, el yapraj* (arroz con picadillo envueltos en hojas de parra) y los rollitos *souvlaki*, que todos reconocemos como cuatro de las mejores comidas jamás creadas. De hecho, mucho de la cultura griega que se desarrolló en este período —la arquitectura, el arte, la literatura, la filosofía, la ciencia, el gobierno— aún ejerce influencia en el mundo de la actualidad.

Esta manera griega de vivir estaba en todas partes y era vista por muchos como una amenaza para el pueblo de Dios, que trataba de preservar su propio sentido de la cultura e identidad. Y lo peor de todo para muchos judíos fue la idolatría religiosa que la cultura helénica trajo consigo. La adoración a los ídolos y el politeísmo (adoración a múltiples dioses) que acompañaban la vida griega, estaban en total oposición a los mandamientos de Dios. Los romanos, que tenían toda una variedad de deidades, incluyendo al mismísimo emperador romano, continuaron con esta práctica. Los romanos constituían una cultura avanzada con enorme poder militar y estructuras políticas. Tenían templos dedicados a muchos dioses, y al igual que los griegos, constituían una cultura fuerte y dominante. Herodes, el rey de Judea (no judío) designado por los romanos, reconstruyó el templo de Jerusalén, en el 20 a.C. Este era una enorme estructura de quince pisos que dominaría la Jerusalén del tiempo de Jesús (los romanos lo demolieron en el año 70 de la era cristiana).

En espera de un libertador

Al final del período del Antiguo Testamento, un movimiento de esperanza y expectativa de que un libertador —el Mesías— vendría a restaurar el reino a su antigua gloria, estaba creciendo dentro de la comunidad israelita. Muchos creían que este Mesías, que se traduce como «el Ungido», destituiría a los romanos y establecería el reino de Dios, reivindicando en el proceso a Israel. De hecho, para cuando llegamos a las páginas del Nuevo Testamento, el debate dominante entre los líderes religiosos de Israel respecto al Mesías giraba en torno a *cómo, cuándo y quién.*

Su historia y sus escritos les narraban que sus antecesores habían estado en situaciones similares de desesperanza en el pasado. Ellos sabían que Dios había levantado a un hombre —Moisés— que había sacado al pueblo de su desesperada situación en Egipto. Él fue su libertador, su redentor. También sabían que los jueces habían rescatado y dirigido al pueblo en momentos de angustia y ocupación militar. Y ahora que esta generación estaba en una situación similar, mucha gente esperaba que sucediera lo mismo. Ellos ansiaban que se levantara un elegido de Dios y los rescatara una vez más. Este salvador acaudillaría una rebelión, formaría un ejército poderoso y derrocaría al gobierno romano. Sería

> Un movimiento de esperanza y expectativa de que un libertador —el Mesías— vendría a restaurar el reino a su antigua gloria, estaba creciendo dentro de la comunidad israelita.

Jesús es el corazón de toda la Biblia. Él es el centro, la esencia, el clímax, el punto clave y el evento principal.

¡pum!&*¡bang!#&¡zas! contra los enemigos de Dios; entonces el pueblo restauraría a Israel su antigua gloria como nación grande y poderosa. Surgieron muchos líderes durante este tiempo, y hubo encuentros y levantamientos en contra de los romanos. Mucha gente perdió su vida en tales batallas o como castigo por su rebelión.

Y Dios sí envió un Salvador especial. Cerca de sesenta años después de que el Imperio Romano hubo tomado el control del mundo conocido, nació un bebé en un relegado pueblo de la región. Él crecería para poner al mundo de cabeza y cambiar el curso de la historia mundial.

¿Su nombre?

Jesús.

Jesús era el Hijo de Dios que había venido a vivir entre nosotros para restaurar, de una vez por todas, la relación interrumpida entre Dios y el hombre. A través del Antiguo Testamento se hacen muchas referencias a la esperada llegada de este Elegido. Pero los israelitas no obtuvieron lo que estaban esperando. Sí, este hombre había venido a salvarlos. De hecho, Jesús significa «Salvador». Sin embargo, su reinado no consistía en política, y su gobierno no tenía que ver con la guerra convencional. Él no vino a salvar a los israelitas de los romanos, sino que vino a salvarlos de su peor enemigo: el pecado. Él no vino a restaurarles un poderoso imperio, sino a restaurarlos para que tuvieran una relación apropiada con Dios.

Y justo ahí tienes todo el meollo de la Biblia. Aquí vamos, amigos; en este punto es donde empezamos la mejor parte. Los siguientes capítulos describen lo que indudablemente es la parte central y más importante de la Palabra de Dios.

Jesús es el corazón de toda la Biblia. Él es el centro, la esencia, el clímax, el punto clave y el evento principal. Desde el principio del Génesis, toda la historia de la Biblia se encamina hacia este evento. Y todo lo demás que leemos en la Biblia se debe a esto.

Por tanto, no nos demoremos más. Es momento de adentrarnos en el Nuevo Testamento.

EL NUEVO TESTAMENTO

Santa Claus llegando en un trineo. Una blanca Navidad. Escaparates de las tiendas ostentando dibujos de paisajes nevados. El pesebre. Cascabeles en la nieve. Santa Claus conquistando a los marcianos. Adornos alegóricos en los edificios. ¡Oh, sí! ¡No hay nada como esto! Cada año, la más grande y ampliamente celebrada festividad es el 25 de diciembre, el día de Navidad. Es el tiempo en que decimos cosas como «Paz en la Tierra para todos» y «Felices Pascuas». También es el tiempo en que los pavos se ponen nerviosos y las tiendas ganan millones de dólares.

Aunque hay algunos que piensan que la Navidad es la época en que adoramos a un sujeto gordo con un traje rojo que proviene del Polo Norte, en realidad, la Navidad tiene un origen mucho más humilde. En el día de Navidad, el mundo celebra el evento más importante en la historia: el nacimiento de un niño en un establo hace dos mil años. Aquel niño por largo tiempo esperado era el Hijo de Dios, el Cristo. Sus padres le dieron por nombre *Jesús*.

La gente tiende a concebir dos imágenes de Jesús. Ya sea la de un hermoso bebé en una cuna rodeada por los amigos del establo, o la de un hippie usando una túnica, recogiendo flores en la antigua Palestina, palmeando en la cabeza a los niños y diciendo a todos que se amen unos a otros. Sin embargo, los relatos históricos de Jesús en la Biblia presentan a un personaje que era radical, atractivo, poderoso, confrontador, controversial y asombroso.

Los primeros cuatro libros del Nuevo Testamento (comúnmente conocidos como los «Evangelios») nos ofrecen una butaca en primera fila frente al escenario de la vida de Jesús, ya que registran su nacimiento, ministerio, enjuiciamiento, ejecución y la asombrosa historia de cómo regresó de la muerte. Cada uno de estos libros tiene su propio estilo peculiar de narrar la historia y las enseñanzas de Jesús; pero todos ellos están unidos al presentarlo como el Hijo de Dios y como el gran clímax de todo lo que ha ocurrido en la Biblia hasta ese momento.

Una de las grandes facetas que describen la vida de Jesús es la que se refiere al ***cumplimiento***. Todo aquello que se les había prometido a los israelitas en el Antiguo Testamento, de una u otra forma, fue cumplido en Jesús o por él. Los profetas predijeron dónde iba a nacer, que nacería de una virgen, que haría cosas maravillosas, tales como restaurar la vista a los ciegos, proclamar buenas nuevas a los pobres; y respecto a su crucifixión, que sería «traspasado por nuestras rebeliones». De muchas maneras, Jesús cumplió las palabras de

> Los relatos históricos de Jesús en la Biblia presentan a un personaje que era radical, atractivo, poderoso, confrontador, controversial y asombroso.

los profetas que habían hablado sobre él siglos antes. Él era el excelso Sumo Sacerdote, Profeta y Rey. Más grande que Moisés y David juntos, más poderoso que una locomotora, y capaz de saltar grandes… mmm… Él rescataría al pueblo de una vez y para siempre.

Sin embargo, la forma en la que llevó a cabo los planes de Dios fue del todo diferente a lo que muchos esperaban. Los israelitas ansiaban que su nación fuera restaurada por un rey militar, un libertador como Moisés, un rey como David o un juez como Sansón, que se levantaría y sacaría a patadas a los invasores extranjeros, así como aquellos lo hicieron en los viejos tiempos.

Pero, en lugar de ello, obtuvieron un «rey siervo» que estaba más interesado en restaurar su interrumpida relación con Dios. Así, pues, en lugar de un resurgimiento militar, obtuvieron un resurgimiento espiritual dirigido por Jesús. Él andaba con el elemento más bajo de lo bajo de la sociedad, como las prostitutas, los recaudadores de impuestos y los autores; desafió a las autoridades religiosas, realizó asombrosos milagros, contendió con los líderes religiosos; se pronunció en contra de los principios morales y enseñó cosas controversiales como «ama a tus enemigos».

Mateo y Lucas comienzan sus relatos narrando las milagrosas circunstancias de la concepción y el nacimiento de Jesús, quien nació de una virgen llamada María. Este destacado hecho marca la pauta para muchos otros que estarían por venir, tal como se narra en los cuatro Evangelios sobre la asombrosa vida de Jesús como adulto. Cada Evangelio se concentra en los últimos tres años de su vida, comenzando cuando un individuo llamado Juan lo bautizó. Este acto simbólico de ser sumergido en el río Jordán fue interpretado como la encomienda que recibió para ser el Salvador y Rey del mundo. De ahí en adelante, Jesús reunió una gran cantidad de seguidores al predicar, enseñar y realizar muchos milagros. Las multitudes lo seguían por dondequiera que iba.

Nosotros (Ben y Pete) somos grandes fanáticos de U2. Cuando la banda llegó a nuestra ciudad por primera vez hace muchos años, Ben y algunos amigos estaban desesperados por conocer al líder cantante Bono y a los muchachos. Desafortunadamente, el hotel donde U2 se hospedaba estaba rodeado de cientos de fanáticos vitoreando con todo entusiasmo. Así que Ben y sus amigos prepararon un plan. Llegaron al hotel vestidos con traje y corbata, y llevando portafolios, con el fin de dar la impresión a los guardias de seguridad de que eran huéspedes del hotel. Se deslizaron hacia la cafetería para servirse el desayuno y, para acortar la historia, no solo se las arreglaron para conocer a la banda, sino que obtuvieron autógrafos y fotografías también.*

A menudo, Jesús se encontró asediado por sus «fanáticos». La gente viajaba al desierto para escucharlo hablar. En una ocasión, tuvo que escapar de la multitud saltando a un bote. Y así como Ben lo hizo cuando trató de conocer a los miembros de U2, alguna gente recorrió grandes distancias para ver a Jesús. Un individuo se encaramó en un árbol para poder ver bien. Otro grupo de hombres emprendedores no pudieron acercarse al abarrotado edificio donde estaba hablando, así que hicieron un hueco en el techo y bajaron a otro amigo a través del hoyo, colgado de una soga.

* Pete: Ben, básicamente eres un gran fanfarrón.
Ben: Tú solo estás celoso de que no pudiste conocer a los muchachos de U2.
Pete: Sí, es cierto… pero eso no quita que seas un fanfarrón.

Jesús fue como una celebridad o estrella de rock de la antigüedad. Pero en lugar de tocar grandes y poderosos acordes en una banda, o ser el actor principal de una película merecedora de docenas de premios de Óscar, ejerció poder sobre la naturaleza al calmar tormentas, transformar el agua en vino, sanar a los enfermos y levantar a la gente de la muerte. Él dominaba sobre el mal al expulsar demonios de la gente poseída. Y lo que es más importante, dominaba sobre las fuerzas del pecado al perdonar —como solo Dios puede perdonar— a aquellos que se vuelven a él con fe y humildad. Sus milagros no solo mostraron que era poderoso, sino que era Emanuel, «Dios con nosotros». Él era Dios en forma humana. Cuando calmó una tormenta y caminó sobre el mar, demostró su control sobre la naturaleza, tal como Dios lo había hecho con los israelitas cuando estaban escapando del ejército egipcio a través del Mar Rojo. Cuando alimentó a cinco mil personas, lo hizo de manera similar a cuando Dios alimentó a los israelitas en el desierto durante su travesía hacia la tierra prometida. Y cuando levantó a su amigo Lázaro de la muerte, demostró que él era Señor sobre la vida misma, algo que previamente solo se le atribuía a Dios.

Todos los autores de los Evangelios presentan a un Jesús amoroso y acogedor. Él se sentaba con conocidos pecadores marginados, comía con ellos y los hacía sentir amados. Sin embargo, los autores dejan claro que no tenía temor de llamar al pan, pan y al vino, vino. Él se enfrentó con los gobernantes y habló acaloradamente en contra del notorio orgullo y la arrogancia de algunos líderes religiosos. No tuvo a menos confrontar a la gente y pedirle que se definiera. Era un feroz orador en contra del pecado.

Jesús pasó la mayor parte de su tiempo con un grupo de doce hombres en particular, que se convirtieron en sus más leales seguidores. Estos *discípulos* acompañaban a Jesús de un pueblo a otro y estaban constantemente maravillados y asombrados al asimilar sus palabras y ver sus obras.

Una gran parte de cada Evangelio está dedicada a exponer las enseñanzas de Jesús, la mayoría de las cuales se presentan en forma de anécdotas (llamadas *parábolas)*, o debates con los líderes religiosos de la época. Estas palabras nos dan un gran concepto de lo que representan la vida y las enseñanzas de Jesús. Su principal misión no era hacer un millón de dólares y ser realmente famoso. Su misión era morir y posibilitar una nueva relación entre nosotros y Dios. Muchos de sus dichos y parábolas revelaban sutilmente su identidad y misión, lo cual, en ocasiones, parecía confundir a sus discípulos. Pero no fue sino hasta después, que sus seguidores entendieron a cabalidad quién era y qué había venido a hacer.

A medida que los seguidores y la popularidad de Jesús aumentaban, asimismo aumentaba la oposición de algunos líderes judíos. Sus palabras eran en ocasiones controversiales, y sus enseñanzas denostaban a los devotos líderes religiosos, pues demostraban lo que estaban haciendo mal. Estos, a su vez, pensaban que él era sacrílego y ofensivo. Mientras miles de personas se reunían para escucharlo, un grupo de líderes religiosos judíos, llenos de envidia, comenzó a planificar su aniquilamiento. Este antagonismo creció y se

La misión de Jesús era morir y posibilitar una nueva relación entre nosotros y Dios.

encaminó hacia un terrible clímax. Ellos querían que Jesús se fuera de este mundo. Querían que él muriera.

Es probable que te estés preguntando el porqué de toda esta hostilidad hacia Jesús. Seguramente, él no representaba ninguna amenaza para los líderes religiosos. Pero la razón de su antagonismo era que Jesús se igualaba a Dios. Cuando le llevaron un paralítico en una camilla, frente a una enorme multitud, Jesús no solo sanó al hombre, sino que le dijo: «Tus pecados quedan perdonados». Todos sabían que solamente Dios podía perdonar el pecado. Entonces, no hay que preguntarse por qué la gente terminó diciéndose unos a otros:«¿Quién es este hombre que perdona el pecado?» En otra ocasión, cuando Jesús fue desafiado por algunos de los líderes religiosos a sostener un debate sobre sus enseñanzas, cometió lo que ellos consideraban el mayor sacrilegio al asegurar que era Dios. Estaban tan enardecidos, que se dispusieron a apedrearlo. Escapó de sus garras en aquella ocasión. Sin embargo, llegaría el tiempo en el que caería en manos de ellos.

¿Dónde estamos?

La vida de Jesús se registra en los primeros cuatro libros del Nuevo Testamento: Mateo, Marcos, Lucas y Juan. Comúnmente se les conoce como los «Evangelios», palabra que significa «buenas nuevas» o «buen anuncio».

¿Qué época es?

Mateo y Lucas cubren el mismo período de tiempo, aproximadamente treinta y seis años, desde la concepción y el nacimiento de Juan el Bautista y Jesús, hasta la resurrección de este último luego de su muerte. Sin embargo, la mayor parte de las narraciones de estos dos libros se enfoca en los últimos tres años de la vida de Jesús. Marcos y Juan se concentran en su vida después de su bautismo.

En pocas palabras

Los cuatro Evangelios registran la asombrosa vida, muerte y resurrección de Jesús de Nazaret, cada uno en su propio estilo particular.

¿Quiénes son los principales personajes?

Jesús, María y José, los doce discípulos y una amplia gama de gente de todas partes de la sociedad.

Miscelánea

- Mateo era un recaudador de impuestos. Su Evangelio fue ubicado en el Nuevo Testamento primero, porque contiene más referencias al Antiguo Testamento que los otros Evangelios.

- Lucas es el libro más largo del Nuevo Testamento; y el primer capítulo de este libro es el más largo del Nuevo Testamento. Lucas también escribió una secuencia: el libro de los Hechos.

- La primera transmisión vocal de radio tomó lugar la noche de Navidad de 1906 en Brant Rock, Massachusetts. El canadiense Reginald Fessenden leyó el capítulo dos de Lucas y tocó un himno con su violín.

- Juan 11:35 es el versículo más corto del Nuevo Testamento.

- El Santa Claus obeso, vestido de rojo y con barba blanca, fue creado por el artista Haddon Sundblom en 1931, como parte de una campaña publicitaria para la empresa de la Coca-Cola.

- «Cristo» no era el apellido de Jesús, sino un título, que significaba «el Ungido». Era Jesús, el Cristo, lo que significaba que era Jesús, el Salvador. Los seguidores de Cristo se llaman cristianos y se refieren a esta religión como cristianismo. La palabra hebrea para Cristo es «Mesías».

- La fecha de nacimiento de Jesús, en la mayoría de los países, se celebra el 25 de diciembre. Sin embargo, la fecha exacta de su nacimiento es incierta. Por ejemplo, algunos historiadores creen que es más probable que haya sido en abril o mayo. En Holanda y Bélgica, los regalos navideños se intercambian el 6 de diciembre, mientras que en Rusia, la Navidad se celebra tradicionalmente el 7 de enero.

- Mientras mucha gente celebra la Navidad alrededor de un pavo con vegetales, en otras partes del mundo los platos populares navideños incluyen un guiso (en Finlandia), puerco con frijoles (en Latvia), carpa o ganso (en Alemania), arenque con frijoles (en Suecia) y cordero ahumado (en Islandia).

- La leyenda dice que el árbol navideño tiene su origen en una tradición alemana iniciada por un misionero cristiano en el 725 d.C.

- El nombre Santa Claus es una modificación de «San Nicolás» (Claus), el obispo de Myra. El nombre Kris Kringle proviene del alemán Christkindl, que significa «Cristo Niño».

- La creencia popular es que Jesús nació en un establo. Esto no es necesariamente cierto. Se deduce del hecho de que su primera cuna era provisional y tenía la forma de un comedero de animales. Pero pudo haber nacido en una cueva o bajo un árbol. También pudo haber nacido en una casa, ya que era práctica común en esa época mantener a los animales dentro de la casa, en una habitación inferior. Pero cualquiera que haya sido la forma, su entrada al mundo fue modesta.

• La creencia popular es que el recién nacido Jesús recibió la visita de tres sabios. De hecho, es probable que este evento haya ocurrido hasta dos años después de su nacimiento. Además, estos hombres eran astrólogos o magos (ni sabios ni reyes), y no hay mención de cuántos eran. Pudieron haber sido diez.

• Nadie sabe cómo era la apariencia de Jesús, de modo que cualquier caracterización artística o cinematográfica suya son pura imaginación. A semejanza de los hombres de su región, probablemente medía 1,65 m. y usaba barba y bigote. Considerando su estilo de vida, ocupación y el riguroso clima de la región, es más probable que haya sido robusto y de piel morena y tosca, en lugar de intelectual, delgado y pálido, como se le pinta en los dibujos de la Escuela Dominical. La pintura común del Jesús hermoso y de ojos azules apareció en 1924, cuando el ilustrador Warner Sallman bosquejó un retrato de Jesús para una revista. Este cuadro ha vendido más de quinientos millones de copias.

Uno de los temas recurrentes en el Antiguo Testamento es que la desobediencia a Dios tiene consecuencias serias, cuyo resultado es el juicio y la privación de las bendiciones de Dios.

«Sí, ¿y qué?», podrías decir. «No he esculpido ningún becerro de oro últimamente. Tampoco he adorado a Baal, ni he comido del fruto de ningún árbol que Dios me haya prohibido comer. De hecho, he tenido una semana muy buena».

Seguro, todos podemos ser «buenos», por decirlo así. Es posible que no arrojes basura en algún lugar indebido, que pagues tus impuestos, y esperemos que no hayas matado a nadie. Pero básicamente, tenemos poco respeto por Dios y sus caminos, y, al final, cada uno de nosotros preferiría ser el gobernante de su propia vida. Esto significa que todos hemos desobedecido a Dios y que no estamos en perfecta relación con él. Ninguno de nosotros puede ser lo suficientemente «bueno» como para ganarse el camino hacia Dios. Esto nos pone en un serio dilema. Nuestra relación con él está interrumpida. El castigo es la muerte. Y no podemos hacer nada por nosotros mismos para arreglar esta situación.

El sistema de sacrificios (del cual leímos en el Antiguo Testamento) fue diseñado para resolver este problema temporalmente. Un animal inocente podía recibir el castigo por el pecado al ser sacrificado en lugar del culpable. Pero la gente continuó pecando, y se necesitaban más sacrificios de continuo.

Sin embargo, las buenas nuevas son que Dios nos ama profundamente y eligió solucionar nuestro dilema de una vez por todas. Un sacrificio perfecto asumió nuestro castigo: el tuyo, el mío, el nuestro, el de todos; de tal manera que pudiéramos estar bien de nuevo con Dios, de una vez y para siempre. Y ahí tienes el mensaje central de la Biblia. Ahí tienes el mensaje del cristianismo. *Alguien más asumió nuestro castigo por hacerle caso omiso a Dios.*

Ben, el coautor de este libro, sabe lo que significa que alguien tome tu castigo. Cuando tenía seis años, tomó una galletica de la cocina, pero al descubrir que estaba rancia y desagradable, la botó en el retrete. Treinta minutos más tarde, Ben y su pequeña hermana estaban en graves problemas, cuando el papá quiso saber quién había puesto una galleta en el retrete. La teoría de Ben de que los vecinos la habían haber echado por *su* retrete y habia subido por las tuberías hasta el de los *Shaw*, no funcionó bien con su papá. «Ben»,

> Ninguno de nosotros puede ser lo suficientemente «bueno» como para ganarse el camino hacia Dios.

dijo él con su tono más serio, «lleva a tu hermana a la habitación y pónganse de acuerdo. Si no salen en cinco minutos con una respuesta cancelaré el paseo familiar de la próxima semana». Ben llevó a su hermana a la habitación, cerró la puerta y le dijo: «Escucha, uno de nosotros tendrá que confesar… Creo que deberías ser *tú*». Su hermana lo pensó por un momento y dijo: «Está bien, yo confesaré». ¡Ben no podía creerlo!

Salieron, y Joanne confesó. Su padre la miró y le dijo: «Has hecho mal y sabes que habrá consecuencias». Joanne asentía, mientras Ben estaba parado ahí, descaradamente, sin decir nada. Su papá la llevó a otra habitación, donde recibió el castigo en lugar de Ben.

Sé lo que ustedes están pensando: *¡Ese malvado de Ben Shaw! Debieron haberle sacado los ojos, desgarrado los brazos y halado por los pelos.** El caso es que en esta historia, fue Joanne quien recibió el castigo de Ben, y este quedó impune. Pero ni siquiera Joanne puede salvarnos de nuestra relación interrumpida con Dios. El perfecto sacrificio, quien murió en nuestro lugar, fue Jesús, el propio Hijo de Dios. Él se presenta ante nuestro Padre en el cielo, por decirlo de alguna manera, y Dios ve a Jesús como el culpable y a nosotros como inocentes, aunque es todo lo contrario. Aunque Ben obligó a su hermana a aceptar el castigo por él, Jesús sabía todo el tiempo lo que estaba en juego y se ofreció como voluntario de todas formas. Jesús nunca pecó y nunca suspendió su relación con Dios. Él era el único ser verdaderamente inocente, capaz de aceptar la ira de Dios a favor nuestro.

Esa es la razón por la que Jesús, hablando de sí mismo, dijo que «ni aun el Hijo del hombre vino para que le sirvan, sino para servir y para dar su vida en rescate por muchos» (Marcos 10:45). Fijemos nuestra atención en los eventos concernientes a la muerte de Jesús.

Debido a su importancia, la narración de los cuatro Evangelios se hace más lenta en los últimos capítulos, con el fin de registrar los días finales de la vida de Jesús y su muerte, con todos los dramáticos detalles que le acompañan. Durante los últimos años de Jesús, los líderes judíos se volvieron cada vez más celosos y hostiles hacia él. Tramaron un complot secreto para eliminarlo. Y un jueves por la noche, Jesús se reunió con sus discípulos para cenar por última vez. Los cristianos se refieren a esto como la «Última Cena». No solo era una fiesta de despedida para darse el gusto de comer juntos; los discípulos ni siquiera sabían que esta iba a ser su última cena con Jesús. Sin embargo, esa cena fue muy importante para que ellos comprendieran lo que Jesús estaba a punto de hacer. No fue por coincidencia que estos eventos ocurrieran al mismo tiempo que los israelitas celebraban la cena de la Pascua.** Jesús estaba iniciando una nueva celebración de la Pascua. Él iba a ser el Cordero de la Pascua de una vez por todas, para que la maldición de la muerte pasara de largo sobre aquellos que ponían su fe en él.

Jesús sabía que pronto iba a ser traicionado, y su estado de ánimo debe haber estado sombrío mientras esperaba lo que iba a acontecer. Probablemente ya conozcas lo que pasó después. La popular película de Mel Gibson, *La Pasión de Cristo*, comienza en este punto, y gráficamente retrata el horroroso

---

> * Pete: Eso es lo que yo pensé, pedazo de sinvergüenza.

> El perfecto sacrificio, quien murió en nuestro lugar, fue Jesús, el propio Hijo de Dios.

** Recordarás esto del libro de Éxodo. La plaga final en Egipto fue la plaga de la muerte. Los israelitas sacrificaron un animal y untaron su sangre sobre los dinteles de sus puertas, y como resultado, la maldición de la muerte pasó de largo.

tratamiento que recibió Jesús cuando fue traicionado, torturado, juzgado y luego ejecutado por los romanos. Esta película ha hecho un gran esfuerzo por revelar tanto la determinación de Jesús como la brutalidad y violencia de la crucifixión, desde un punto de vista realista.

Luego de la cena, Jesús fue con sus amigos a un huerto cercano, donde oró. ¡Qué terribles horas deben haber sido las que tuvo que pasar al enfrentar su traición y muerte! Fue ahí donde Jesús fue traicionado por Judas, uno de sus mejores amigos, quien llevó a un numeroso grupo de hombres armados y de soldados hasta aquel huerto para arrestarlo. Jesús fue apresado y recibió cargos de blasfemia y traición a Roma por parte de los líderes judíos. Los discípulos huyeron de la escena.

Los Evangelios nos cuentan entonces, las varias pruebas que Jesús tuvo que soportar. Primero, fue juzgado por el consejo legislativo de los judíos (el *Sanedrín*), donde se le interrogó sobre su misión y sus enseñanzas. El juicio llegó a un abrupto término, cuando Jesús confirmó que él era el Hijo de Dios. Esta «blasfemia» (insulto a Dios) probó ser el colmo para los opositores religiosos de Jesús. El consejo se movilizó rápidamente para ejecutarlo. Sin embargo, para poder hacerlo legalmente, necesitaban que la sentencia fuera dictaminada por el gobernador de Judea, un hombre llamado Poncio Pilato.

Cuando Pilato interrogó a Jesús, lo encontró inocente y en realidad no quería matarlo, así que, en lugar de ello, hizo que lo azotaran, lo golpearan y se burlaran de él. En un último esfuerzo por liberar a Jesús, Pilato propuso que fuera la multitud quien decidiera su suerte. De acuerdo con la costumbre de la época, un criminal arrestado era liberado durante la celebración de la Pascua. Y un reconocido criminal, llamado Barrabás, fue liberado a instancias de la multitud, mientras que a Jesús, a quien Pilato había declarado inocente, se le ratificó la condena a muerte. Esto se convierte en un maravilloso símbolo de lo que Jesús había venido a hacer por todo el mundo. Él, el inocente, muere, mientras nosotros, los culpables, salimos libres. La sentencia de muerte se llevó a cabo de inmediato.

En esa época no había sillas eléctricas o escuadrones de fusilamiento. En lugar de ello, los romanos tenían maneras mucho más creativas de matar a criminales: Se les podía arrojar a los leones, apedrearlos, o usarlos como deporte en la arena de los gladiadores. Luego estaba el modo de la crucifixión, una manera particularmente cruel de ejecutar. La persona condenada era literalmente clavada, con los brazos estirados, a un poste de madera en forma de cruz, atado con grandes ganchos de metal a través de sus muñecas y tobillos. La cruz era levantada al aire hasta que la base caía en un hoyo. Se dejaba al condenado colgando en agonía, hasta que el peso de su cuerpo colapsaba sus pulmones y se sofocaba. Y todo eso sucedía mientras los transeúntes se quedaban embobecidos al verlo, como si fueran espectadores de un partido de fútbol.

Probablemente ya te has dado cuenta de que la fe cristiana tiene mucho que ver con la cruz. Entra a un templo cristiano tradicional y podrás ver cruces en las mesas, paredes, bancas, Biblias, puertas y ventanas. Incluso, muchos

> Él, el inocente, muere, mientras nosotros, los culpables, salimos libres.

templos tradicionales fueron construidos en forma de cruz. Los cristianos hablan mucho sobre la cruz, cantan canciones sobre ella y la mencionan en sus servicios y oraciones. Algunos cristianos llevan cruces colgando de sus cuellos, mientras que otros pueden ser tan pesados como una cruz, especialmente si hablas en la iglesia cuando ellos están tratando de escuchar. Y como si todo esto fuera poco, existe la probabilidad de que en la Semana Santa hayas comido algún panecillo con una cruz sobre él.

¿Entonces, cuál es la importancia que tiene la cruz?

Cuando lo piensas bien, resulta bastante extravagante y hasta casi grotesco que los cristianos pongan un símbolo de ejecución en sus iglesias y alrededor de sus cuellos como una joya. Difícilmente te podrás imaginar lo que es tener una pequeña silla eléctrica de oro al frente de una iglesia, una horca colgada del campanario de una iglesia o una jeringa letal como un medallón. La cruz en sí misma no tiene ningún poder misterioso. Sin embargo, dado que fue en ella donde Cristo murió, se ha convertido en un *símbolo* de este importante momento en la historia de la humanidad.

Aquella mañana del viernes, Jesús fue obligado a llevar una pesada cruz de madera al caminar a través de las puertas del pueblo. Recibió mofas, golpes, abucheos y luego fue crucificado junto con dos hombres. En uno de los momentos más conmovedores de la Biblia, Lucas nos cuenta cómo uno de los criminales ruega a Jesús diciéndole: «Acuérdate de mí cuando vengas en tu reino». Irónicamente, ese criminal convicto reconoce el reinado de Jesús cuando él se hallaba en su momento más débil. El Evangelio de Marcos narra un evento similar. Cuando Jesús daba su último suspiro, la gente escuchó a un centurión romano que estaba cerca de allí, decir: «¡Verdaderamente este hombre era el Hijo de Dios!» (Marcos 15:39). Lo que los discípulos no pudieron entender del todo durante los tres años que estuvieron con Jesús, se hizo completamente evidente para un criminal condenado y un aguerrido soldado romano. Aquí, el Hijo de Dios estaba muriendo por los pecados del mundo, y aun así, solo unos pocos comprendieron el significado de este evento.

Aquel viernes, Jesús murió clavado en un madero de la manera más horrible. Sus discípulos lo habían abandonado, se habían dispersado y asustado. Judas, atormentado por la culpa debido a su traición, trató de devolver a los sacerdotes el dinero manchado de sangre, y luego se suicidó.

Jesús fue retirado de la cruz y colocado en una tumba resguardada. El hombre que calmó los mares, sanó a los enfermos y habló con gran autoridad; el hombre que puso al mundo de cabeza con sus enseñanzas; el hombre que fue enviado a salvar al mundo… estaba muerto. No hubo música heroica o ninguna gran batalla. Solo una horrible ejecución.

Pero este no es el fin de la historia.

La cruz en sí misma no tiene ningún poder misterioso. Sin embargo, dado que fue en ella donde Cristo murió, se ha convertido en un *símbolo* de este importante momento en la historia de la humanidad.

¿Dónde estamos?

El juicio y la muerte de Jesús constituyen el evento más importante con el que terminan los cuatro Evangelios. Puedes leer sobre esto en Mateo 26—27, Marcos 14—15, Lucas 22—23 y Juan 18—19.

¿Qué época es?

Hay cierto debate sobre la fecha exacta en que murió Jesús, pero los historiadores más contemporáneos ubican su muerte en el año 33 de la era cristiana.

En pocas palabras

La oposición a Jesús y sus enseñanzas alcanzaron su punto culminante. Antes de que Jesús fuera arrestado y crucificado, se reunió con sus discípulos para cenar por última vez. Fue entonces traicionado por Judas, y arrestado y juzgado ante varias autoridades. Finalmente, se le condenó a morir en la cruz. El Hijo de Dios murió por toda la humanidad.

¿Quiénes son los principales personajes?

Jesús, Caifás (el sumo sacerdote), Barrabás, Poncio Pilato, los doce discípulos.

Miscelánea

- Jesús fue crucificado en un lugar llamado Gólgota, que significa «el Lugar de la Calavera».
- En los servicios de las iglesias cristianas se celebra la última cena de Jesús. Los cristianos toman un pedazo de pan y se sirven un sorbo de vino o jugo de uva, para recordar a Jesús y lo que Él hizo. Esta ceremonia se conoce como «la santa comunión» o «la Cena del Señor».
- En el filme épico *La historia más grande jamás contada*, el clásico actor de películas del oeste, John Wayne, interpretó el papel de un centurión romano. Supuestamente, cuando el director le pidió a Wayne que pusiera más «asombro» en sus palabras del libreto, el actor dijo: «¡Ahhhhh! ¡Verdaderamente este hombre era el Hijo de Dios!»
- El viernes antes del día de Resurrección (cuando recordamos la muerte de Jesús) se conoce como el «Viernes Santo». Este parecería ser un inapropiado nombre alegre para recordar tan horrible acontecimiento. Pero se llama así porque la muerte de Jesús es algo «santo» para nosotros.
- Alrededor del mundo, la muerte de Jesús se conmemora de muchas maneras que reflejan generalmente la cultura e historia local:

- Las procesiones religiosas y «obras de la Pasión» son populares en América Latina y en algunas naciones asiáticas. Ha habido incidentes de gente en las Filipinas que voluntariamente se han crucificado para conmemorar la Pascua. Solo están en la cruz de manera temporal, pero aun así, se les está tratando de disuadir para que abandonen esa práctica.
- Las festividades en México involucran golpes, ahorcamientos y quema de una efigie de Judas.
- La gente en Polonia y América Latina se echa agua unos a otros después de la Semana Santa, como un gesto para desearse buena salud.
- Otros países incluyen rituales como ver el amanecer del domingo (recordando la resurrección de Cristo), ceremonias de lavado de pies y un despliegue de fuegos artificiales.

- La celebración de Semana Santa más famosa del mundo es La Pasión, interpretada en Oberammergau, Alemania. La obra se realiza cada diez años, y la interpretan mil setecientas personas de la comunidad. Esta tradición comenzó en el 1634, cuando los habitantes del pueblo se la ofrecieron a Dios en gratitud por haberlos librado de la peste bubónica. Hay asientos para cinco mil personas, y las entradas se venden con muchos años de anticipación.

Al final del episodio IV de *La Guerra de las Galaxias,* Obi-Wan Kenobi tiene una lucha con Darth Vader, con su sable de luz. Le dice a Vader: «Si me derribas, seré más fuerte de lo que te puedas imaginar». Vader lo despacha con un diestro golpe de su espada de luz, y Obi-Wan muere. Pero la historia no termina ahí. Ese fue solo el comienzo. Obi-Wan estaba en lo cierto. Se hace más poderoso y en realidad regresa de la muerte, apareciendo ocasionalmente en forma de espíritu o de voz, interactuando con los otros personajes y ayudando a vencer al imperio del mal.

Resulta imposible preguntarse si George Lucas no basó su ficción en eventos de la vida real de Jesús. Sin tener que ir más lejos, la muerte de Jesús tampoco fue el final de la historia, ya que fue a través de su muerte que mostró su verdadero poder. Lo que sucedió después revela que Jesús es más poderoso de lo que jamás podrías imaginarte. Aquel viernes en la tarde, el cuerpo de Jesús fue retirado de la cruz y ubicado en una tumba que le pertenecía a José de Arimatea. Debido a la preocupación de que los discípulos se pudieran llevar el cuerpo de su Maestro, algunos líderes judíos consiguieron que la tumba fuera resguardada por la guardia romana de Poncio Pilato.

El domingo después de la muerte de Jesús, temprano en la mañana, algunas mujeres conducidas por María Magdalena salieron de Jerusalén para visitar la tumba. Ellas no estaban preparadas para lo que vieron. Los soldados que se suponía debían resguardar la tumba, ya no estaban ahí. La pesada roca que cubría la entrada había sido removida hacia un lado, y el cuerpo de Jesús no estaba en ninguna parte. ¡Probablemente alguien se había robado el cuerpo!, pensaron. Y mientras permanecían de pie ahí, sin poder creerlo, un mensajero angelical les dijo que Jesús se había levantado del sepulcro.

Mientras tanto, los discípulos se estaban escondiendo en el cuarto superior de una casa, todavía impresionados por los acontecimientos de la última semana. Su Maestro y Señor, aquel que ellos pensaron fuera el Cristo, el que calmaba las tormentas, sanaba a los enfermos y enseñaba a las masas, no les había traído la gloriosa victoria. En lugar de ello, se había convertido en un criminal convicto a quien habían ejecutado y enterrado. Estaban destrozados.

Judas, luego de traicionar a Jesús y entregarlo a las autoridades, se había suicidado debido a la vergüenza que sintió. En tres ocasiones, Pedro había negado públicamente conocer a Jesús, y el resto de los discípulos había desaparecido de la escena cuando lo arrestaron. Ahora, muchos de ellos se habían

> Fue a través de su muerte que mostró su verdadero poder. Lo que sucedió después revela que Jesús es más poderoso de lo que jamás podrías imaginarte.

reunido nuevamente, confusos, asustados y sin liderazgo. Las mujeres volvieron corriendo a la casa donde los discípulos estaban. Sin duda sus corazones estaban agitados por el asombro y la admiración. Cuando hallaron a los discípulos, les contaron de inmediato lo que habían visto y de lo que se habían enterado. Es de comprender que la mayoría no les creyera. Se burlaron de lo que las mujeres decían y consideraron aquello como un cuento, sin sentido, una «tontería», o como se diría en lenguaje actual, como «un cuento chino» (Lucas 24:11). Pero al menos dos de los discípulos prestaron la suficiente atención como para correr hasta la tumba y verificarlo por ellos mismos.

Y poco tiempo después, el mundo de los discípulos nuevamente se trastornó. Mientras todos estaban juntos en una habitación, Jesús vino y les habló. Es fácil comprender que los discípulos estuvieran asustados, pensando que veían un fantasma. Pero Jesús calmó sus temores, les dijo que era él en realidad y les pidió algo de comer.

> El hombre de la cruz había muerto, pero ahora estaba vivo.

Piensa en esto por un instante. Toda la situación debió haber sido asombrosa para los discípulos cuando vieron a Jesús, con las marcas de su crucifixión todavía visibles, caminando por la habitación. El hombre de la cruz había muerto, pero ahora estaba vivo. Y no estamos hablando de algún tipo de obra teatral, en la que el corazón de una persona se detiene por un minuto y luego ve una luz blanca al final de un túnel, mientras un equipo de cirugía lo golpea con un desfibrilador y regresa a la vida, para luego aparecer en el programa de Oprah. Jesús experimentó una muerte real. Estuvo muerto por tres días. Estamos hablando de muerto como un témpano de hielo, eficientemente ejecutado por los militares de un régimen riguroso y opresivo. Y regresó por completo a la vida. Mientras que nuestro personaje ficticio Obi-Wan solo aparece como una titilante figura de holograma, Jesús sí regresó en carne y hueso.

Esto es lo más emocionante que jamás haya acontecido en este planeta. Alguien había muerto, su vida se había extinguido. Había hecho el viaje al más allá después de la muerte (pero eso en sí no es tan asombroso; después de todo, todos morimos). Shakespeare se refiere a la vida eterna en Hamlet como «el país no descubierto, de cuyo arroyo ningún viajero regresa». Pero lo asombroso es que Jesús, como gran explorador, sí realizó un viaje de vuelta. Regresó rompiendo la barrera entre este mundo físico y el reino del espíritu. Su retorno a la vida se conoce como la ***resurrección***. Este sí fue un superextraordinario e importante evento.

Primero, la resurrección de Jesús confirma que en realidad él era el Cristo, aquel capaz de asumir todo el peso de la ira de Dios en nombre de toda la humanidad, y que también su sacrificio era aceptable ante Dios. Ese fue el final triunfante y culminante del tiempo de Jesús en la tierra. Demostró a todos que él era quien decía ser y que él era Señor, incluso sobre la muerte.

Segundo, su resurrección allanó el camino para que todos aquellos que confían en él vuelvan a la vida también. En una conversación con una amiga (Marta, la hermana de Lázaro), Jesús dijo: «Yo soy la resurrección y la vida. El que cree en mí vivirá, aunque muera; y todo el que vive y cree en mí no morirá jamás» (Juan 11:25-26). Estas son las «buenas nuevas» de la Biblia.

El Nuevo Testamento narra que Jesús se les apareció a más de quinientos de sus seguidores en otras ocasiones, en un período aproximado de cuarenta días. Fue durante esa época que Jesús les mostró a sus discípulos cómo todo el Antiguo Testamento señala hacia este momento. Pronto ellos también contarían al mundo sobre este nuevo concepto (como se describe en el libro de Hechos). Pero por un instante en el tiempo, unos pocos hombres y mujeres se sentaron a los pies de Jesús resucitado y, posiblemente, recibieron el mejor sermón de toda la historia.

La última escena de la vida terrenal de Jesús fue su salida del mundo para partir y estar con Dios. En el principio del libro de Hechos (ubicado inmediatamente después de los Evangelios), Jesús les dice a los discípulos que debe dejarlos, pero que debían esperar en Jerusalén un regalo. Dios enviaría al Espíritu Santo, quien viviría con ellos y les daría poder para hacer cosas asombrosas cuando divulgaran las nuevas sobre Jesús alrededor del mundo. Jesús ascendió al cielo frente a sus asombrados discípulos.

Aunque esto marcó el final de la vida de Jesús en la tierra, ese no fue más que el inicio de las cosas que vendrían. Los discípulos, armados con las buenas nuevas sobre Jesús, saldrían a cambiar el mundo para siempre. Jesús se había ido, pero al irse dijo: «Volveré».

> Jesús dijo: «Yo soy la resurrección y la vida. El que cree en mí vivirá, aunque muera; y todo el que vive y cree en mí no morirá jamás».

¿Dónde estamos?

Estamos al final de cada uno de los cuatro Evangelios. La resurrección de Jesús está descrita en Mateo 28, Marcos 16, Lucas 24 y Juan 20—21. El siguiente libro, Hechos (escrito por Lucas), es la secuencia histórica de los Evangelios.

¿Qué época es?

Jesús se les apareció a los discípulos y a muchas otras personas por más de cuarenta días, en algún lapso de tiempo ocurrido durante el año 33 de la era cristiana.

En pocas palabras

Una vez que Jesús fuera ejecutado y retirado de la cruz, se le colocó en una tumba resguardada. Unas cuantas mujeres fueron allí para tan solo encontrarla vacía. Cuando ellas se lo contaron a los discípulos, estos encontraron la historia un poco inverosímil. Finalmente, Jesús se les apareció a los discípulos por más de cuarenta días, y les enseñó sobre su misión y el propósito de Dios. Luego, los dejó con instrucciones de esperar al Espíritu Santo y ascendió al cielo (Hechos 1).

¿Quiénes son los principales personajes?

Jesús, María Magdalena y otras mujeres, y los discípulos.

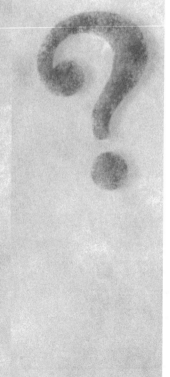

- De acuerdo con la tradición histórica, casi todos los discípulos terminaron siendo asesinados por causa de su fe en Jesús y porque creyeron que él regresó de la muerte.

- Vale la pena notar que fueron mujeres, y no hombres, las primeras en darse cuenta de que Jesús había resucitado. En el primer siglo, las mujeres no tenían poder legal para comparecer como testigos en un tribunal de justicia. El testimonio de una mujer se consideraba inaceptable. Si la historia de la resurrección fue inventada (como muchos sugieren), ¿por qué habrían escogido el testimonio inaceptable de mujeres como los primeros testigos?

- Si alguien no cree algo que tú dices, es posible que lo llames «Tomás el incrédulo». Esta frase proviene del hecho de que uno de los apóstoles, Tomás, no creyó que Jesús se había levantado de la muerte hasta que lo vio por sí mismo. Y cuando Jesús se le apareció a Tomás, este dejó de ser incrédulo.

- El mundo conmemora la muerte de Jesús cada año el Viernes Santo, y su resurrección el siguiente domingo, al cual llamamos Domingo de Resurrección. Sorprendentemente, no hay mención de huevos de chocolate ni huevos de pascua en la Biblia.

- La mayoría de los países tienen celebraciones de Semana Santa relacionadas con huevos, que son el símbolo de una nueva vida.

- Mucha gente intercambia huevos de chocolate en Pascua, aunque en Francia las campanas y los peces de chocolate son populares.

- En Grecia, Ucrania y Rusia, los huevos se pintan de rojo brillante para simbolizar la sangre de Jesús. Es común jugar a las «castañas» con los huevos, y saludar diciendo: «Cristo ha resucitado», seguido por la respuesta: «En verdad, ha resucitado».

- En Rusia, pintar los huevos de Pascua se considera una forma de arte elaborada y valiosa, con intrincadas técnicas artísticas, a menudo transmitidas de una generación a otra. Algunos huevos se vuelven recuerdos familiares.

- Rodar huevos de pascua es una tradición popular en los Estados Unidos, Inglaterra, Escocia y Alemania. Cada año, el presidente norteamericano es el anfitrión de una cacería y rodamiento de huevos de Pascua, en el que participan miles de personas. Es el evento público más grande que se lleva a cabo en la Casa Blanca, y tiene actividades planeadas para niños menores de seis años.

Escena: *En el cuarto superior de una construcción de adobe en la antigua Palestina. Los discípulos sentados en círculo, mirando a su alrededor con expectativa. De repente, Jesús aparece en medio de ellos.*

Jesús: Buenos días, discípulos.

Todos: ¡Ahhhhhhhhh!

Jesús: Tranquilícense, les dije que volvería. Ahora, tengo una misión para ustedes. Salgan al mundo y prediquen las buenas nuevas a toda la creación. Hagan discípulos en todas las naciones, bautícenlos y enséñenles a obedecer todo lo que les he mandado. ¿Alguna pregunta?

(Pausa)

Tomás: Mira, no quiero ser un aguafiestas o algo por el estilo, pero tan solo somos un puñado de hombres sencillos. ¿Cómo se supone que vayamos a ir por el mundo a hacer algo? No te ofendas, Jesús, pero tú moriste y ahora has regresado; y yo todavía estoy un poco aturdido.

Pedro: ¡Cómo dudas, Tomás!

Tomás: Bueno, no somos exactamente los individuos más populares del momento. Los romanos y todos los demás nos ven de manera extraña y, bueno, incluso Pedro negó que él conocía…

Pedro: ¡Oh! Tenías que traer eso a colación.

Tomás: Y mira lo que le pasó a Judas.

Pedro: ¡Bien hecho! Ese viejo sucio….

Santiago: ¡Ya basta, ustedes dos! Jesús, Tomás tiene razón. Solo somos pescadores. Todo estuvo bien mientras te encontrabas aquí, pero ¿quiénes somos nosotros para salir y…? *(revisando sus notas)* ¿Qué fue lo que dijiste?… ¿«Hacer discípulos en todas las naciones»? ¡Es que sencillamente no estamos equipados para esta misión!

Jesús: No teman, mis amigos. Esperen aquí en Jerusalén por el regalo de Dios. Él los equipará con el Espíritu Santo, un poderoso compañero que estará con ustedes.

(Los discípulos se miran unos a otros)

Simón el Zelote:	**Mmm...** *con señal de extrañeza)* pienso que Santiago está hablando más sobre cosas extraordinarias como gafas infrarrojas o teléfonos satelitales...
Andrés:	... y carros deportivos con misiles...
Jesús:	¡Basta!
(Un silencio extraño)	
Santiago:	¿Cómo sabremos cuando el regalo llegue?
Jesús:	Veamos... el sonido de un poderoso viento, lenguas de fuego... confíen en mí... no se lo perderán.
(Los discípulos asienten)	
Jesús:	Yo no les mentiría. Es una misión difícil. Algunos, incluso, dirían que una misión imposible. Sus vidas estarán en grave peligro. Pero esta es su misión, si deciden aceptarla.
Todos:	¡Aceptamos!
Jesús:	Bien. Este mensaje se destruirá por sí mismo en diez segundos...

> El Espíritu de Dios los transformó. De un grupo de seguidores asustados y confusos que se escondían entre las multitudes, se convirtieron en un aguerrido y osado equipo de testigos.

Poco sabían los discípulos que estaban a punto de embarcarse en tremenda aventura y jugar un papel crítico en el fenómeno más grande que el mundo jamás haya visto. Ellos esparcirían el mensaje de Jesús y darían inicio a la iglesia cristiana. El libro de Hechos empieza con un pequeño grupo de los seguidores de Jesús, que fueron totalmente transformados cuando comprendieron quién era él y lo que había venido a hacer. Al principio, estaban devastados por completo debido a la pérdida de su líder, petrificados por el gobierno romano, y desanimados porque todas sus expectativas de que Jesús fuera el gran libertador se habían reducido a nada. Toda esperanza parecía perdida. Pero cuando Jesús se les apareció pocos días después de su muerte, supieron que la fiesta estaba lejos de terminar. De hecho, era solo el principio.

Poco tiempo después, el Espíritu Santo de Dios descendió sobre sus seguidores de una manera espectacular. Su Espíritu los transformó. De un grupo de seguidores asustados y confusos que se escondían entre las multitudes, se convirtieron en un aguerrido y osado equipo de testigos. Se volvieron determinantes, fuertes y entusiastas respecto a su nueva misión. Y tal como lo prometió, Dios los había equipado para hacer el trabajo.*

El libro de Hechos nos narra las pruebas y los triunfos de los primeros cristianos al movilizarse alrededor del mundo antiguo, contándoles a otros sobre la trascendencia que implicaba la persona de Jesús, su muerte y su resurrección. Comenzaron a predicar y enseñar en Jerusalén y Judea; y luego, se encaminaron a regiones más lejanas. Y finalmente expandieron las buenas nuevas de Jesús a todas las naciones. Había conversiones masivas cuando la gente acogía el mensaje del evangelio.

Hechos registra casi todos los viajes y las prédicas del apóstol Pablo, originalmente conocido como Saulo. Este había sido un celoso judío que perseguía a los cristianos por su fe, incluso supervisando las muertes de algunos de

* En ocasiones, nos referimos a los discípulos como apóstoles, que significa «los enviados» o, en lenguaje coloquial, «hombres con una misión».

ellos. Pero Pablo fue poderosamente transformado cuando Jesús se le apareció mientras viajaba a Damasco. Así dejó de ser el afanoso enemigo de Jesús, para convertirse en uno de los más influyentes cristianos de la historia.

El resto de Hechos bien puede titularse: «Las aventuras del apóstol Pablo», ya que básicamente registra sus viajes misioneros a través del Imperio Romano. En ocasiones, la situación se vuelve difícil para él y sus amigos, ya que son encarcelados, expulsados de los pueblos, golpeados, apedreados e incluso víctimas de naufragios. Pero en otras, las cosas no podían ser mejores, ya que veían a la gente conocer el amor de Dios por medio de la predicación de los discípulos sobre Jesucristo. El libro de Hechos arroja gran luz en torno a las muchas cartas de Pablo (que siguen a Hechos) escritas a las primeras iglesias, y a las cuestiones que estas enfrentaban

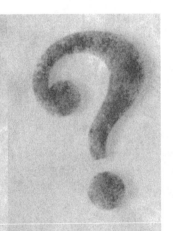

¿Dónde estamos?

Hechos comienza justo después de los cuatro Evangelios en el Nuevo Testamento. Escrito a Teófilo como un relato histórico, Hechos es una secuencia del Evangelio de Lucas.

¿Qué época es?

Hechos comienza con la resurrección de Cristo, cubre un período de casi treinta años y concluye con Pablo en Roma. Estos eventos abarcan los años del 33 al 62 de la era cristiana.

En pocas palabras

Hechos narra, a través de las vidas y los testimonios de los apóstoles —particularmente del apóstol Pablo—, cómo el cristianismo se expandió por todo el mundo conocido.

¿Quiénes son los principales personajes?

Pedro, Juan, Santiago, Felipe, Esteban, Pablo y Bernabé.

Miscelánea

- El libro de Hechos fue escrito por Lucas, quien probablemente fue un médico.

- El fragmento más antiguo del libro de Hechos se mantiene en la Universidad de Macquarie, en Sydney (Ben lo ha tenido en sus manos).

- La palabra apóstol significa «enviado» o «mensajero». Se refiere a los doce individuos que Jesús envió para difundir el mensaje del evangelio. Por lo tanto, el nombre completo del libro es «Los Hechos de los Apóstoles».

CAPÍTULO 32
ATENTAMENTE, PABLO
LAS CARTAS DE PABLO A LOS PRIMEROS CRISTIANOS

ROMANOS, 1 CORINTIOS, 2 CORINTIOS, GÁLATAS, EFESIOS, FILIPENSES, COLOSENSES, 1 TESALONICENSES,
2 TESALONICENSES, 1 TIMOTEO, 2 TIMOTEO, TITO, FILEMÓN

Pedro, Juan y Pablo ciertamente hicieron un buen trabajo en sus viajes misioneros (cubiertos en el capítulo anterior, en los Hechos de los Apóstoles). La gente escuchaba las buenas nuevas acerca de Jesús y se juntaban para formar grupos con otros nuevos seguidores de Cristo o «cristianos». Se esparcieron iglesias comunitarias por todo lugar alrededor del mundo conocido. En esos primeros días del cristianismo, la iglesia no tenía una infraestructura establecida. No existían edificaciones llamadas «Iglesia de San Fulano». No existían denominaciones. Y mientras que en la actualidad se considera a la iglesia como conservadora y «establecida», en aquella época era más bien un movimiento radical. De hecho, tenía una atractiva y clandestina forma de nombrarse. La gente se refería a ella como **El Camino.**

¿Qué piensas cuando viene a tu mente la palabra iglesia? ¿Un edificio tradicional con vitrales y campanarios, bancas, altares, tés —o cafés— matutinos y un gran órgano mediante el cual se interpreta un himno? Pero no había nada de ello en aquel entonces. Los primeros cristianos se reunían en casas. Eran vagamente identificados por la ciudad en la cual vivían. Por esa razón, cuando Pablo escribió las cartas a «la iglesia de Dios que está en Corinto» (1 y 2 Corintios), el correo no estuvo dirigido a un obispo sentado en una catedral situada en la plaza central de Corinto. Más bien, era una carta general dirigida a los cristianos que vivían y se reunían en aquella ciudad. Estos primeros cristianos tenían muchas preguntas y temas que tratar, e incluso, algunas malas interpretaciones que necesitaban ser aclaradas. *¿Cómo debemos vivir los seguidores de Cristo? ¿Cómo la muerte de Jesús nos salva? ¿Por qué es importante que Jesús haya resucitado de la muerte? ¿Está la salvación disponible para todos o solo para los judíos? ¿Son los antiguos ritos religiosos (como la circuncisión) todavía importantes? ¿Cómo deberían tratarse los esposos y esposas cristianos? ¿Por qué la gente me está acosando por mis creencias? ¿Cuál debería ser mi actitud respecto al dinero, la esclavitud, el liderazgo, la sexualidad, el pecado, el matrimonio, la ley, la libertad y el perdón? ¿Cómo deberíamos lidiar con las divisiones y los desacuerdos? ¿Cuándo regresa Jesús?*

Por supuesto, en la actualidad puedes obtener esa información en cualquier parte. Puedes conseguir una Biblia (o miles de libros) en una librería, o bien puedes ver películas cristianas o programas de televisión, tal vez conversar con tu pastor cristiano de la localidad, o hasta navegar por la red en las millones de páginas de información sobre el cristianismo. Pero esa información no estaba tan disponible en aquella época.

Mucho antes de que Ben se sentara junto a Pete a escribir este libro, Ben tocaba en una banda que viajaba muchísimo por todo el país y el extranjero. La banda pasaba meses de gira, tocando y hablándole a la gente en bares, iglesias, festivales e incluso en prisiones. Cuando iban a tocar a alguna otra parte, querían mantenerse en contacto con las amistades que habían hecho durante su recorrido. Además, mucha gente con la que habían hablado quería preguntarles más sobre su fe y el cristianismo en general. Por eso, una vez a la semana, Ben y los otros miembros de la banda se sentaban juntos a escribir cartas a sus amigos recién conocidos, para ponerse al día sobre los últimos acontecimientos y ofrecerles alguna orientación y motivación amistosa. En cierta ocasión, Ben incluso tuvo que escribirle a un joven que estaba en prisión, con el fin de motivarlo a que siguiera leyendo su Biblia, a pesar de que sus compañeros de celda amenazaban con golpearlo por ello. Los primeros cristianos también necesitaban orientación y motivación, y de alguien que les enseñara lo que significaba seguir a Jesús. Así que, mientras los apóstoles viajaban ampliamente alrededor de la región del Mediterráneo, también escribían muchas cartas a las varias iglesias comunitarias que habían florecido en los grandes centros urbanos, generalmente con temas relacionados con los problemas entre los seguidores. Estas cartas, aunque específicas en cierto nivel, contienen principios que son universales y eternos, incluso para nosotros en la actualidad. Veintiuna de estas cartas o *epístolas* conforman la mayor parte del Nuevo Testamento. Pablo escribió trece de ellas. La mayoría fueron escritas a una iglesia entera, con el propósito de que fueran leídas a la congregación. Por ejemplo, Efesios fue una carta dirigida a la iglesia situada en la ciudad comercial de Éfeso, donde Pablo se había establecido antes por más de dos años. Algunas cartas, sin embargo, fueron escritas a un líder de la iglesia. Es así como 1 Timoteo fue escrita con el propósito de dirigir y motivar a Tim, uno de los amigos de Pablo que estaba pastoreando la iglesia de Éfeso. Pablo cubre cientos de temas en sus cartas. Muchos de ellos tienen que ver con el significado de la muerte y resurrección de Jesús. Él explica cómo la gente «se salva» de su relación interrumpida con Dios, al colocar su fe en Jesucristo. Uno de los temas más importantes en las cartas de Pablo es la **gracia**. Él explica de diferentes maneras que la gente puede volver a tener una buena relación con Dios, únicamente gracias a su generosidad y su favor, y por ninguna otra razón. Un pecador recibe su salvación no por sus propios méritos, sino por la gracia de Dios. Muchos judíos de la época de Pablo (y después de ella) suponían que estaban automáticamente salvados por el mero hecho de ser judíos. Otros pensaban que podían estar en armonía con Dios siguiendo la ley al pie de la letra o realizando ciertos rituales. Pero Pablo alegó que la salvación era únicamente el resultado de la gracia de Dios. Pablo también trató asuntos relacionados con la **vida cristiana**. Escribió prácticamente sobre todos los aspectos de la vida cotidiana, tales como el matrimonio, las ofrendas, el trabajo, la oración, el dinero, la inmoralidad, el procedimiento de las demandas legales y lo que debería suceder en la iglesia. Muchas de estas cartas han sentado las bases de lo que es la fe cristiana y las prácticas de la iglesia durante los últimos dos mil años, por no mencionar 1 Corintios 13:4-13, que aparece prácticamente en toda ceremonia matrimonial a la que hayas asistido.

Los primeros cristianos necesitaban orientación y de alguien que les enseñara lo que significaba seguir a Jesús.

Un pecador recibe su salvación no por sus propios méritos, sino por la gracia de Dios.

¿Dónde estamos?

Luego de los Evangelios y Hechos, los siguientes veintiún libros son cartas escritas a los primeros cristianos. Las primeras trece cartas (de Romanos a Filemón) registran la autoría del apóstol Pablo.

¿Qué época es?

Las cartas de Pablo fueron escritas aproximadamente desde la década del cuarenta hasta la década del sesenta del primer siglo.

En pocas palabras

Las trece cartas de Pablo fueron escritas a los cristianos de la iglesia primitiva, para explicarles el significado de la muerte y resurrección de Cristo, cómo vivir como cristianos y cómo debe funcionar la iglesia.

¿Quiénes son los principales personajes?

Pablo, los primeros cristianos, y algunos de los más íntimos amigos de este, como Timoteo y Filemón.

Miscelánea

- Pablo fue originalmente fariseo (un grupo de religiosos judíos que tenían una forma muy particular de seguir la ley). Fue extremadamente hostil con los cristianos, hasta que se convirtió en uno de ellos. Su nombre judío fue Saulo, pero prefirió el de Pablo, su nombre griego. Puedes leer sobre su conversión en Hechos, capítulo 9.

- Varias de las cartas de Pablo fueron escritas desde la prisión.

- De acuerdo con algunas fuentes no bíblicas, Pablo fue decapitado en Roma debido a su fe cristiana.

- El único grupo de rock exitoso del siglo XX mencionado en la Biblia se encuentra en Romanos 8:15.

No siempre es fácil ser cristiano en el mundo de hoy.

Puede ser que tu familia no lo entienda. Tus vecinos pueden pensar que eres un tonto por ir a la iglesia. Tus amigos pueden pensar que el cristianismo es para los raritos. La gente con la que trabajas podría decir que el cristianismo es una religión anticuada para la gente que tiene los pies puestos sobre la tierra. Es posible que algunos se burlen de ti por lo que crees. Ben y Pete, por ejemplo, recibieron algunos apodos por parte de sus «compañeros» del colegio, porque iban a la iglesia; apodos como inepto, niño de mamá, beato, «comebiblias» y toda suerte de apodos que cuestionaban su sexualidad o inteligencia y que no se pueden imprimir en este libro. Pero por más dificultades que tengas que sufrir por ser cristiano, eso no es nada comparado con lo que muchos de los cristianos primitivos experimentaron.

A través de los siglos, los cristianos han sido objeto de burlas, han sido ridiculizados, han sufrido persecución, mofas, encarcelamiento, tortura, discriminación y asesinato por su fe cristiana. En el primer siglo, el emperador romano Nerón hizo meter a los cristianos dentro de bolsas hechas de pieles de animales, para luego ser cazados y asesinados por manadas de perros. En otra ocasión, zambulló a algunos cristianos en cera, los fijó a barras de hierro y los usó como antorchas para iluminar su jardín. Los cristianos también fueron usados como entretenimiento público en el anfiteatro, como forraje para los animales salvajes o los gladiadores. Sus propiedades y posesiones les eran arrebatadas, y perdían sus derechos legales. De acuerdo con la tradición, la mayoría de los apóstoles fueron asesinados por su fe. Se cree que tanto Pablo (quien escribió la mayor parte del Nuevo Testamento) como Pedro, fueron asesinados en algún momento a finales de la década del sesenta del primer siglo. Pablo fue decapitado, y Pedro fue crucificado cabeza abajo. Ciertamente, fueron días oscuros para aquellos primeros cristianos.

Por tanto, no es de asombrarse que necesitaran motivación. Estas ocho cartas fueron escritas durante las épocas conflictivas y hostiles del primer siglo de la era cristiana, con el fin de motivar a los cristianos a aferrarse a su fe y estilo de vida. Algunos de esos primeros cristianos estaban luchando por practicar sus creencias cristianas en lugares donde posiblemente eran ridicu-

> A través de los siglos, los cristianos han sido objeto de burlas, han sido ridiculizados, han sufrido persecución, mofas, encarcelamiento, tortura, discriminación y asesinato por su fe cristiana.

Estas cartas fueron escritas para dar a los cristianos la seguridad de que Jesús era en realidad el Mesías prometido, para animar a los creyentes a mantenerse firmes durante aquella época oscura, y para motivarlos a vivir y respirar una vida que fuera agradable y correcta ante Dios.

lizados o asesinados por ello. Algunos estaban cuestionando la grandeza de Jesús, mientras que otros estaban pensando en abandonar su fe y volver a sus antiguas costumbres. Otros estaban luchando con las divagaciones de malos maestros, mientras que otros estaban empezando a meterse en cosas que no eran necesariamente buenas para ellos. Estas cartas fueron escritas para dar a los cristianos la seguridad de que Jesús era en realidad el Mesías prometido, para animar a los creyentes a mantenerse firmes durante aquella época oscura, y para motivarlos a vivir y respirar una vida que fuera agradable y correcta ante Dios.

Estos escritos han sido llamados «Las cartas generales» desde el siglo IV, debido a la generalidad de su audiencia y a la amplitud de sus temas. Al igual que las cartas de Pablo, estas cubren una gran variedad de aspectos y explican los beneficios de seguir a Cristo. Son altamente informativas, motivadoras y, en ocasiones, afectuosas. Al mismo tiempo, son hostiles hacia los corruptos maestros y la corrupta enseñanza.

Incluso en la actualidad, es ilegal en algunos países convertirse al cristianismo, y los castigos son duros. Los cristianos aún son perseguidos, encarcelados y asesinados por sus creencias. Aunque estas cartas fueron escritas hace aproximadamente dos mil años, todavía se aplican a situaciones actuales y son fuente de gran motivación para el pueblo cristiano en tiempos de oscuridad y duda.

¿Dónde estamos?

Las cartas generales vienen inmediatamente después de las cartas de Pablo a las iglesias (de Romanos a 2 Tesalonicenses) y las cartas personales y pastorales (de 1 Timoteo a Filemón), y antes del libro final de la Biblia, el Apocalipsis (¡amigos, ya casi estamos llegando allá!).

¿Qué época es?

Estas cartas fueron escritas en diferentes épocas entre la década del sesenta y del noventa del primer siglo de la era cristiana.

En pocas palabras

Estas ocho cartas fueron escritas por varios autores (Santiago, Pedro, Juan y Judas) a los cristianos que necesitaban enseñanza, motivación o corrección. Cubren una variedad de temas, desde la supremacía de Cristo hasta la definición de la fe y el comportamiento social de los creyentes.

¿Quiénes son los principales personajes?

Santiago, Pedro, Judas, Juan, varios amigos, iglesias y líderes.

Miscelánea

- El autor de Hebreos es desconocido.

- Santiago es uno de los hermanos de Jesús.

- 2 Juan solo contiene trece versículos y es el libro más corto de la Biblia.

- Estas epístolas generales solían ser llamadas «cartas católicas» debido a su naturaleza universal. La palabra *católico* significa «universal».

Imagina que estás en la sala de un cine, con la boca llena de palomitas de maíz y aguantando las ganas de ir al baño. Estás viendo una película con unos extraordinarios efectos especiales: un héroe espiritual, con cabello blanco resplandeciente y siete estrellas en su mano derecha; un trono rodeado por veinticuatro tronos más, lanzando truenos y relámpagos. Hay un gran terremoto, el sol se torna negro y la luna se vuelve roja; suena una trompeta, caen fuego y granizo a la tierra; bestias de muchas cabezas se levantan; las criaturas vivas mueren, las grandes embarcaciones son destruidas, langostas arrasan con toda la tierra; doscientos millones de tropas cabalgan en caballos que exhalan fuego, humo y azufre. Es una poderosa batalla: la confrontación final entre el bien y el mal.

Se te excusaría si piensas que estás viendo algo escrito por J. R. R. Tolkien, protagonizado por algún héroe de acción de Hollywood. Pero no. Este es el libro de Apocalipsis. El último libro de la Biblia, que es, posiblemente, el más cautivador y controversial de todos. Definitivamente, se lee de manera distinta a cualquier otro libro del Nuevo Testamento. Ha sido la fuente —a menudo vaga e incorrecta— de inspiración e imágenes de muchas novelas de horror y un gran número de películas de Hollywood, como por ejemplo, *El día final*, *El sentido de la vida* y la serie *Omen*. El número de la bestia (666), el juicio final y una descripción del cielo están ubicados dentro de este libro y son el pan de cada día para letras de rock pesado y filmes de terror.

No nos toma por sorpresa que el libro de Apocalipsis haya causado tanta confusión. Muchos cultos y extrañas creencias han surgido de la incorrecta interpretación de algunos pasajes escritos en él. La clave para entender el Apocalipsis consiste en entender el tipo de literatura que es.

En 1945, George Orwell publicó lo que en la actualidad es una novela clásica titulada *Rebelión en la granja*. En el libro, un grupo de cerdos se rebelan y dirigen una revuelta en contra de los granjeros opresivos. Otros animales —caballos, vacas, gallinas y ovejas— toman el control de la granja y tienen varias aventuras. Por lo que se puede ver, se trata de una historia de animales. Pero de hecho, la novela es **simbólica** y en realidad narra la historia de la revolución rusa. La granja de animales es la Unión Soviética, y la casa de

> El último libro de la Biblia es, posiblemente, el más cautivador y controversial de todos.

173

la granja es el Kremlin. El cerdo Bola de Nieve representa a Trotski, mientras que el cerdo Napoleón representa a Stalin, y sus perros son la KGB. La granja cercana Foxwood es Inglaterra, mientras que Pinchfield es Alemania. La novela es una metáfora en la que cada personaje representa algo o alguien en el mundo real.

La mayor parte del libro de Apocalipsis está escrita en un estilo simbólico similar y no debe interpretarse literalmente. Algunos escritores de la antigüedad usaron este estilo para describir eventos tanto físicos como espirituales.

El libro de Apocalipsis es como un correo electrónico masivo; es una carta que el apóstol Juan escribió a siete iglesias del Asia Menor, mientras se hallaba en prisión en una pequeña isla que servía como colonia penal romana en el mar Egeo, llamada Patmos. La escribió cuando había una creciente hostilidad hacia el pueblo cristiano. La adoración al emperador romano como dios se estaba volviendo habitual. Juan había sido encarcelado por su fe. Muchos otros habían sido ejecutados, y las jóvenes iglesias se encaminaban a oscuros días de persecución y oposición.

Por lo tanto, Juan escribió esta carta, tanto para advertir como para motivar a los creyentes sobre lo que Dios iba a hacer en el futuro. Muchos eruditos creen que gran parte de esta carta contiene «literatura apocalíptica», la cual, de manera simbólica, describe sucesos que estaban a punto de ocurrir en el primer siglo. Por ejemplo, los candelabros son las iglesias, y la bestia que sale del mar (en Apocalipsis 13) no es literalmente un sujeto de cuya cabeza salen cuernos, sino más bien una referencia al poder imperial romano: una enorme e imponente fuerza en la época de Juan.

Otras partes de este libro, sin embargo, indudablemente describen eventos que están todavía por ocurrir. Los capítulos finales anticipan el fin de todos los tiempos y le añaden un adecuado punto final, no solo a la carta, sino a toda la Biblia. Juan describe el final de los días, cuando los planes de Dios se hayan cumplido en su totalidad. Estos capítulos finales caracterizan al cielo y a la relación totalmente restaurada entre Dios y la raza humana, algo que él ha estado tratando de resolver desde que lo echamos todo a perder en el Edén.

El juicio sobre todo lo malo está descrito gráficamente. En cumplimiento final de la promesa del tabernáculo, Dios finalmente vivirá con su pueblo sin que el pecado se interponga. Jesús (a quien se le refiere como «el Cordero») reinará con justicia sobre todo aquel que le haya honrado, en una tierra en la que no habrá más sufrimiento, dolor o muerte. Esta es la ventana culminante que nos muestra el final de los tiempos y los beneficios de la muerte y resurrección de Jesús. Este libro fue —y todavía es— una gran fuente de aliento e inspiración para los cristianos de todo el mundo.

> Estos capítulos finales caracterizan al cielo y a la relación totalmente restaurada entre Dios y la raza humana.

¿Dónde estamos?

Esta es la última de las veintiún cartas del Nuevo Testamento, el libro final del Nuevo Testamento, y también el libro final de la Biblia. (Felicitaciones, ¡lo lograste!).

¿Qué época es?

Los historiadores han tenido dificultad para alcanzar una decisión unánime sobre la fecha en que se escribió este libro. Se puede decir con seguridad que fue uno de los últimos libros del Nuevo Testamento en escribirse, y lo más probable es que esto haya ocurrido en algún período entre la década del sesenta y del noventa de la era cristiana.

En pocas palabras

El apóstol Juan escribió el libro del Apocalipsis a siete iglesias del Asia Menor. Usando un lenguaje simbólico, el autor enseña y alienta a su audiencia al describir los eventos del futuro cercano y lejano. Sobre todo, escribe sobre la grandeza de Dios y de cómo él planea hacerle justicia a sus enemigos y dar nueva vida a su pueblo.

¿Quiénes son los principales personajes?

Simbólicamente, el libro describe a un número de posibles gobernantes o emperadores (Nerón, Domiciano o Trajano). Jesús, por supuesto, es la estrella principal del libro, y se le describe simbólicamente como «el Cordero», «el Alfa y la Omega» y «la estrella resplandeciente de la mañana».

Miscelánea

- Las siete iglesias —Pérgamo, Tiatira, Sardis, Esmirna, Filadelfia, Éfeso y Laodicea— estaban todas en una región de doscientos kilómetros en lo que actualmente es Turquía. De estas, Éfeso fue la única que recibió una de las cartas de Pablo publicadas en la Biblia (Efesios).

- Apocalipsis 20:4 es el versículo más largo del Nuevo Testamento.

- El Apocalipsis contiene citas de treinta y dos libros del Antiguo Testamento, que es más de lo que contiene cualquier otro libro del Nuevo Testamento.

MATERIAL EN LA PARTE POSTERIOR

El epígrafe de este libro era una tonada cristiana tradicional para niños y, como Elvis dijo, su letra va más o menos así:

> El mejor libro para leer es la Biblia.
> El mejor libro para leer es la Biblia.
> Si lo lees cada día,
> te ayudará en la vida.
> El mejor libro para leer es la Biblia.

Aunque es una canción dulce y fastidiosa, que te provoca a querer aplastar tu guitarra de doce cuerdas y patear la batería frente a una iglesia repleta de ancianas, la realidad es que contiene tres verdades importantes; estas son: la Biblia es un gran libro para leer (en verdad, el mejor), que en definitiva es mucho más importante y significativo que cualquier otro libro; debería ser leído, utilizado y meditado de manera regular (cada día); y por último, tiene mucho que decirte, lo cual será de gran influencia en tus actitudes, palabras, acciones y decisiones, de tal manera que «te ayudará en el diario andar de tu vida ».

Pero la pregunta es: ***¿cómo lees la Biblia?*** Tomas la Biblia y… *¿Qué hago? ¿Cómo leo esto? ¿Por dónde empiezo?* Qué bueno que lo preguntas. Hay varios métodos que la gente usa al leer la Biblia. He aquí unos cuantos.

El método de tapa a tapa

Al principio, cuando Ben se volvió cristiano, decidió que iba a leer la Biblia completa de tapa a tapa, página por página, como si leyera una novela. Las cosas iban bien en el Génesis, el cual era bastante sencillo. Éxodo también estuvo bueno, aunque encontró difícil continuar luego del capítulo 26, cuando se topó con los complejos detalles arquitectónicos de la construcción del tabernáculo.

Sin embargo, las cosas se pusieron lentas cuando se enfrentó a las largas listas y la complejidad de Números. Su gran plan terminó por interrumpirse.

Aunque definitivamente vale la pena leer la Biblia de tapa a tapa (al menos para impresionar a tus amigos), esta podría no ser la mejor opción para una persona que se inicia en su jornada bíblica. Leer la Biblia de tapa a tapa tendría más sentido si tienes una visión general de las partes que la componen y si estás familiarizado con muchos de los libros. Camina antes de correr.

El método de la selección al azar

Cuando Pete se volvió cristiano, también deseaba leer la Biblia. Y decidió que cada noche, media hora antes de ir a la cama, se sentaría en su escritorio y leería una sección. Desarrolló un método altamente técnico que consistía en sostener su Biblia por el lomo encima del escritorio, cerrar los ojos, dejar que la Biblia cayera abierta, y entonces colocar su dedo de manera aleatoria en algún lugar de la página. Empezaba a leer desde ese punto, suponiendo que con el tiempo esto le aseguraría una buena variedad de experiencias de lectura bíblica (la inteligencia de Pete se desarrolló más tarde en la vida).

Un día, él leería algo así como: «Tus dientes son como rebaños de cabritas recién salidas del baño. Cada una de ellas tiene su pareja, ninguna de ellas marcha sola» (Cantares 6:6). El siguiente: «Luego miré, y apareció el Cordero. Estaba de pie sobre el monte Sión, en compañía de ciento cuarenta y cuatro mil personas que llevaban escrito en la frente el nombre del Cordero y de su Padre» (Apocalipsis 14:1). Y el siguiente: «El número total de los miembros de la asamblea ascendía a cuarenta y dos mil trescientas sesenta personas, sin contar a esclavos y esclavas, que sumaban siete mil trescientos treinta y siete; y tenían doscientos cuarenta y cinco cantores y cantoras. Tenían además setecientos treinta y seis caballos, doscientas cuarenta y cinco mulas, cuatrocientos treinta y cinco camellos y seis mil setecientos veinte burros» (Nehemías 7:66-69).

Aunque interesante, el problema es que Pete no sabía lo que estaba leyendo o cómo aquello encajaba con el resto. Su lectura no tenía continuidad de un día a otro y, en pocas palabras, todo eso constituía un procedimiento sin sentido. Por favor, no uses este método.

El método del insomnio

Otro método infructuoso es el antiguo método de «voy a leer la Biblia sentado aquí en la cama, justo antes de irme a dormir». Esto nunca funciona. Al final del día, cuando tu cabeza está echando humos, tu concentración no está en su mejor punto.

Seguro comienzas a leer sentado bien derecho, pero lentamente empiezas a deslizarte bajo las cobijas, donde se siente uno cálido y confortable, y pronto estás dormido, con tu Biblia cerrada sobre tu cabeza y estás babeando las páginas; y te despiertas a la mañana siguiente con la hoja que marca 2 Crónicas 12 al costado de tu cara. Tampoco uses este método.

El método del carrito de compras

Alguna gente trata la Biblia como si esta fuera un supermercado. Sus «estantes» están llenos de una amplia variedad de versículos, declaraciones, frases y palabras; y tú simplemente vagas a través de los pasillos, recogiendo los pedacitos que te gustan y colocándolos en tu carrito. Puedes agarrar un versículo de *aquí* y un párrafo de *allá*, y colocarlos juntos para que digan lo que a ti te gusta. Al final te hallas manejando comida rápida de la Biblia, parecido a un calendario de escritorio para sentirse bien, repleto de miles de trocitos y dichos inspiradores como: «El que no castiga, no ama a su hijo», «Todo viene del polvo y en polvo se convierte» y «El amor es paciente, el amor es amable, el amor no tiene envidia, el amor no se jacta, no es orgulloso».

Y terminas con una pequeña percepción de la Biblia, en la que te falta significado, tema, estructura o continuidad global. A fin de cuentas, no tiene sentido, y tu lectura no tiene propósito.

El método del experto instantáneo en Biblia

Este es «el método fallido número 2 de lectura bíblica» de Pete. Cuando era un cristiano joven, Pete compró un libro llamado *Search the Scriptures* [Investiga las Escrituras]. Este es un programa de estudio sistemático que con solo leer veinte minutos al día, puedes cubrir toda la Biblia en tres años.

Obsesionado por el entusiasmo de la juventud, Pete decidió que tres años era un tiempo demasiado largo. Quería hacerlo más rápido y calculó que si lo hacía tres veces más rápido de lo que el libro sugería, terminaría toda la Biblia en un año, en lugar de tres. Duró aproximadamente tres semanas antes de quemarse. La Biblia tiene cosas por descubrir cuyo proceso dura toda una vida. ¡No tienes que leerla toda de un solo golpe! Es mejor ser paciente y recordar que ir despacio y de continuo te permite ganar la carrera.

Hasta aqui, suficientes historias acerca de cómo *no* leer la Biblia.

¿Cómo lees la Biblia?

A continuación hallarás algunos principios que pueden ayudarte en tus aventuras de lectura bíblica. Lo primero que hay que decir es que si eres una persona cristiana, es importante leer la Biblia. Esto es como decir: «Si eres humano, es importante respirar».

Ben y Pete tocan la guitarra. De hecho, ambos tocan la guitarra bastante bien.* Son buenos tocando la guitarra porque practican diariamente y lo han hecho por años. Lo mismo sucede con los cristianos y la Biblia. Te haces bueno en el manejo de la Biblia y aprendes de ella, dedicando mucho tiempo para leerla.

No es suficiente con solo escuchar los pasajes en voz alta en la iglesia una vez a la semana. Esto sería como tratar de aprender a tocar la guitarra viendo videos musicales en la televisión una vez a la semana. No sería muy productivo. Tienes que involucrarte de verdad.

La lectura de la Biblia te enseña sobre historia, sobre Dios y quién es él, y lo que significa vivir tu vida como cristiano. Te dice cosas para tu cabeza y cosas para tu corazón. ¡Es un libro importante! Le da forma a tu vida e influye sobre tus decisiones, relaciones y actitudes. Fortalece tu concepto sobre Dios y lo que implica ser cristiano.

¡Lee tu Biblia!

> Lo primero que hay que decir es que si eres una persona cristiana, es importante leer la Biblia.

> * Ben: En realidad, Pete toca la guitarra mejor que yo.
> Pete: Vamos, Ben, ambos sabemos que tú tocas la guitarra mejor que yo.
> Ben: Ah, no, yo… bueno, en realidad… ahora que lo pienso, tienes razón.

Esto es importante, así que lo diremos de nuevo.

¡*Lee tu Biblia!*

Lo segundo que hay que decir es que la Biblia se vale por sí misma. Dios nos revela cosas a través de ella. En realidad, puedes leerla y estudiarla solo, y entender lo que está sucediendo en sus páginas sin tener que referirte a otras fuentes. No necesitas de otros libros como este para leer la Biblia.

Sin embargo, si eres nuevo en el manejo de la Biblia, en ocasiones es difícil saber por dónde empezar. Si vas a preguntarle a una persona cristiana cuáles son los cinco libros de la Biblia que un principiante debería leer, vas a obtener muchas y diversas respuestas, dependiendo de los gustos y experiencias de la gente.

Por eso, te ofrecemos una posible lista (nota: ¡no *la* lista!) de algunos libros de la Biblia que podrían ser un buen sitio para comenzar. Podrías comenzar con dos Evangelios, digamos que los libros de Marcos y Juan. Luego de eso, regresa y lee el libro de Génesis y los primeros veinte capítulos de Éxodo. Luego, para variar, revisa el libro de los Salmos. Tal vez no todos los capítulos (son demasiados para un primer encuentro), así que lee… mmm… bueno… digamos que Salmos 86, 96, 71, 89, 62, 33, 103, 77, 116, 113, 139, 57 y 145. Son bastante buenos. Para rematar, regresa al Nuevo Testamento, a una de las cartas de Pablo. El libro de Filipenses sería una buena introducción a las cartas del Nuevo Testamento. Eso sería suficiente para los principiantes.

Habiendo dicho que la Biblia se vale por sí misma, muchos cristianos encuentran útil un libro que sirva de guía de estudio para dirigir su lectura. Dichas guías motivan patrones de lectura sistemáticos y regulares. Es más fácil cubrir un libro o un tema cuando hay orden en tu lectura. Literalmente, hay miles de guías de estudio bíblico que pueden ayudarte a comprender mejor lo que estás leyendo, proveen información y plantean preguntas sobre varios temas. Puedes encontrarlas en tu librería cristiana de preferencia o en cualquiera de las millones de páginas web con guías de estudio bíblico.

Las guías de estudio están disponibles para cualquier nivel de lectura o conocimiento, desde el más sencillo y fácil para la persona que acaba de empezar a leer la Biblia, hasta las guías altamente complejas y voluminosas para aquella que esté deseosa de alimentarse de una nutrida dieta bíblica. Algunas guías exploran temas o aspectos que se hallan diseminados en un número de libros. Ejemplo de estos temas son: la oración, el matrimonio, las actitudes hacia el dinero, el liderazgo o lo que significa vivir como cristiano. Otras guías te llevan a través de un solo libro, como Jonás o Apocalipsis, o cualquier otro libro de la Biblia.

Lo último que tenemos que decir sobre la Biblia es que esta es semejante a un baño. Si vas a tomar un baño, no tiene sentido entrar y salir una y otra vez. Lo que quieres es zambullirte en la tina, y quedarte allí por un rato en remojo.

Vivimos en una era de comunicación e información de alta velocidad. Podemos revisar el periódico cada mañana muy rápidamente en busca de las noticias principales. Enviamos mensajes celulares escritos, y enviamos y recibimos correos electrónicos al estilo de una ametralladora. Todo es rápido. Veloz. Pum. Bang. Zas. Cambio y fuera. No hay tiempo para sentarse y pensar. Vamos a almorzar, traga y no mastiques. Sigue moviéndote. Rápido.

No puedes leer la Biblia de esa manera frenética. No es algo que puedes ojear mientras devoras tu cereal, antes de salir rápidamente por la puerta. No puedes «comer un pedacito de la Biblia», de la manera en que «le pegas un mordisco a algún alimento». En lugar de ello, saboréala como si esta fuera una comida de tres platos.

En pocas palabras, lo que estamos diciendo es que para obtener el máximo de la Biblia, no solo debes echarle un vistazo a las palabras. Más bien, debes *leerlas*. Pausar, detenerte, sentarte, *pensar* en lo que estás leyendo. Contemplar. *Meditar.* Digerir y masticar las palabras. Tómate tu tiempo. Es posible que te resulte útil llevar un manual de navegación o un diario de tu lectura, en el que puedas anotar ideas, comentarios y preguntas para explorar más aun. Lo que es mejor, podría ser útil que leas la Biblia con un amigo o en grupo, para que puedas discutir los temas y hacer preguntas.

Cuando lees lo que dicen Jesús y Pablo sobre la asombrosa gracia y el perdón de Dios (Lucas 15, Colosenses 1:19-22); o los escritos de Santiago con advertencias para que seamos cuidadosos en la manera de expresarnos (Santiago 3:1-12); o sobre la búsqueda de significado de la vida humana (Eclesiastés); o de la firmeza de carácter de Sadrac, Mesac y Abednego (Daniel 3); o del desafío de Jesús de amar a los demás desinteresadamente (Juan 13:34-35), tómate el tiempo para pensar en lo que has leído. Piensa en lo que eso significa, en cómo te afecta. Ora a Dios por las cosas que has leído y pídele que te ayude a comprender las palabras más claramente, para que causen un verdadero impacto en tu vida. En resumen, permite que Dios te hable a través de las palabras de su maravilloso libro.

Bueno, en cuanto a nosotros, eso es todo lo que tenemos que decir. Pero, mientras nuestra travesía juntos en este libro está llegando a su fin, esperamos que estés a punto de embarcarte en otra travesía que sea mucho más provechosa y satisfactoria: tu propia travesía en la Biblia.

Recordarás que anteriormente sugerimos este libro como una guía de viaje que te permita preparar tu visita a un país extranjero. Bueno, has leído la guía. Has llegado al aeropuerto bíblico, ¡estás en la aduana del Antiguo Testamento y tienes tus cheques de viajero del Nuevo Testamento! La puerta está abierta ante ti, y este es el momento para que des un paso al maravilloso y determinante cambio de vida que el país de la Biblia ofrece.

Adelante… ve. No hay razón para que sigas por aquí. ¡La comida de este aeropuerto es terrible! Así que toma tu Biblia y embárcate en ella.

Te deseamos lo mejor para tu viaje. Oraremos para que Dios te bendiga en la lectura de su Palabra y para que cambie tu vida para siempre.

> En resumen, permite que Dios te hable a través de las palabras de su maravilloso libro.

Ben Shaw
Pete Downey

Queríamos terminar este libro con una nota personal. Así que le pedimos a un grupo de personas de varias edades y entornos que nos dieran un corto mensaje sobre una parte de la Biblia que fuera particularmente relevante y significativa para ellos.

Algunos eligieron solo un versículo o pasaje, mientras que otros nominaron todo un capítulo o un libro. Algunos se quejaron de que era injusto pedirles que escogieran solo una parte de la Biblia. Por supuesto, tú puedes leer sobre muchos y muy grandes personajes, sucesos y enseñanzas en la Biblia, y esta lista es solo una minúscula selección. Si le preguntáramos a otro grupo lo que piensa, sin duda obtendríamos una lista de referencias totalmente diferente. Así que, de ninguna manera se supone que esto represente una lista exhaustiva. Tampoco está diseñada para señalarte «los mejores pasajes de la Biblia» o algo así. Es simplemente para darte una probadita de una variedad de extractos de la Biblia y las reacciones de las personas ante ellos. Esto es lo que tuvieron que decir.

Adela, 46, maestra de escuela
2 Samuel 11—12

El rey David es uno de los grandes hombres de Dios en la Biblia. Era popular y famoso, aunque pecó y se equivocó. Leer el pasaje sobre cuando durmió con la esposa de otro hombre y luego, para tratar de cubrir sus huellas, cometió asesinato, es como leer la intriga de una buena novela de crimen. Siempre me ha mantenido atenta. Me encanta la forma en que Natán induce a David a confesar la gravedad de lo que había hecho. Me siento motivada por el hecho de que incluso este gran hombre de Dios luchó con la vida. Eso me permite saber que no estoy sola cuando cometo un error y que puedo buscar el perdón de Dios.

Cameron, 25, amanuense legal
Hebreos 4:12-13

Desde que me convertí al cristianismo en mis primeros años de la escuela secundaria, he sentido interés en la Biblia y en aprender de Dios. Hay dos aspectos clave en ella que me interesan. La Biblia nos informa específicamente sobre cómo nos hemos alejado de Dios y la manera en que podemos reanudar nuestra buena relación con él. También provee instrucciones sobre cómo vivir nuestras vidas y resolver los problemas que todos enfrentamos.

Uno de mis pasajes favoritos de la Biblia es este de Hebreos, ya que estos versículos me desafían a pensar en cómo debo actuar y qué hacer a cada minuto del día.

Deborah, 29, esposa y madre de tres niños a tiempo completo
Romanos 7:15-25

Este pasaje es de una carta escrita por Pablo al pueblo en la iglesia de Roma. En ella, Pablo habla sobre el terrible predicamento de querer hacer lo que está bien, pero a menudo encontrarse haciendo lo incorrecto. Me recuerda que Jesús sabe que soy humana y que cometo errores, aunque me esfuerzo por hacer lo correcto. Y hay más. Jesús no solo reconoce mi naturaleza humana; me rescata de ella.

Douglas, 39, maestro de escuela y padre
Efesios 6:10-20

Estos versículos siempre me han resultado atractivos. Me recuerdan que ser cristiano no siempre es un paseo por el parque. Dios nos da una armadura que debemos usar, porque en ocasiones estamos siendo atacados. No quiero imponer todo este concepto de la batalla, pero a veces necesitamos, espiritualmente, defendernos a nosotros mismos y atacar al enemigo. La Palabra de Dios es una espada afilada que corta toda clase de sinsentidos. Y su coraza nos protege cuando estamos tentados a hacer o pensar lo incorrecto. Me gusta que Pablo nos diga que oremos todo el tiempo.

Helen, 9, niña de profesión
Daniel 3

Me gusta este capítulo del Antiguo Testamento. Me gusta porque trata de tres hombres que se enfrentaron a un rey que quería que ellos hicieran algo que sabían estaba incorrecto. Todos estaban en contra de ellos, pero fueron muy valientes. Se defendieron por sí mismos y fueron respaldados por Dios; y eso está muy bien. Para ellos, eso debe haber sido muy difícil, pero lo hicieron.

Em, 13, estudiante de secundaria
Lucas 19:1-10

Un hombre llamado Zaqueo era bastante rico e importante, pero poco popular por ser recaudador de impuestos de los romanos. Era bajo de estatura, así que se encaramó en un árbol para poder ver a Jesús cuando pasaba por Jericó. Cuando Jesús lo vio, pienso que fue maravillosa la forma en que él decidió quedarse en su casa, aunque Zaqueo no gozaba de la simpatía de la gente. Esto nos muestra que Jesús no se guiaba por lo que todos los demás pensaran. Él tenía sus propias ideas. Me gusta el hecho de que Zaqueo experimentó un total cambio de corazón y declaró un cambio en su modo de andar. Si Zaqueo pudo ser salvado por Jesús, sé que yo también puedo.

Emma, 17, estudiante
1 Corintios 6:19

Este versículo sobre el Espíritu Santo me alienta a pensar seriamente sobre cómo trato mi cuerpo, las acciones que tomo y los maravillosos dones que Dios nos ha dado. Me recuerda que tenemos al Dios viviente en nosotros y que deberíamos ser embajadores, llenando nuestras vidas con su Palabra. Debemos ser un buen ejemplo, porque hay gente que nos mira y nos juzga todo el tiempo.

Farls, en sus 40, propietario de una tienda de CD y DVD
Mateo 7:12

La Biblia está llena de consejos útiles. Debido a que tenemos dos hijos, por el momento nos estamos concentrando en esta relevante y útil porción de consejos en particular.

Geoff, 55, ebanista y constructor
Eclesiastés

Soy un individuo sencillo y no me voy mucho por las ramas. El libro de Eclesiastés es claro. Es realista, relevante y aplicable. Dios está en control. Arregla tus asuntos con el Señor, pues en él es que la vida halla sentido. Todo lo demás, en realidad, no es muy importante.

Jane, 34, notaria
Salmos

Me gusta en particular leer los Salmos. Este libro, inequívocamente, nos promete la fidelidad y la fortaleza de Dios en tiempos de tribulación. Refleja una búsqueda y el anhelo de justicia ante Dios en nuestras vidas. Retrata a un majestuoso Creador que al mismo tiempo es un Dios personal y amoroso; y contiene algunos de los más alentadores actos de adoración y alabanza que se encuentran en la Biblia.

Liz, 11, estudiante
Génesis 37—50

Estos capítulos narran la vida de un hombre asombroso que enfrentó muchas dificultades. Su nombre era José. Lo alejaron de su familia y terminó viviendo en otro país. Pero Dios lo cuidó y lo bendijo, y tuvo un plan para él. Me gusta el pasaje que narra cuando, muchos años después, se reunió con su familia nuevamente. Su vida fue una gran aventura.

Mark, 44, gerente, padre y un individuo pecador
Toda la Biblia

Es asombroso que, habiendo esquivado la lectura de este libro por tanto tiempo, ahora me refiera a él con tanta frecuencia. No importa en qué página la abras, siempre hay algo que considerar o que atenúe nuestro dolor. Sus instrucciones son sencillas. Las nuevas y las viejas, todas tienen sentido y se refieren a un solo mensaje esencial de salvación que se ofrece gratuitamente sin costos ocultos. En ella todo tiene lógica. Léela y consulta las instrucciones.

Mary, mi edad no importa, soy abuela y secretaria retirada
Los Evangelios

Jesús es mi Salvador y Señor, y me encanta leer sobre él. Hay relatos sobre su asombroso nacimiento, todas sus enseñanzas y milagros, y por supuesto, su muerte y resurrección. Las palabras más poderosas de la Biblia, para mí, son las de Juan 3:16. Nos dicen que Dios envió a su Hijo Jesús al mundo a morir por nosotros y a darnos vida eterna. Este es el mensaje principal de la Biblia. Jesús es el Salvador. ¡Amén!

M.J., 35, banquera y madre
Marcos 4

Las enseñanzas de Jesús son particularmente poderosas. Algunas veces él habló por medio de parábolas, las cuales eran historias con significados encubiertos. La parábola del sembrador es la historia de las diferentes reacciones que la gente tiene ante la Palabra de Dios. Como cristiana, he visto la aplicación de esta parábola en un número diferente de personas que he conocido. Jesús enseñó y habló con un agudo sentido de la verdad, y sus palabras son igualmente significativas en la actualidad, tal como lo fueron entonces.

Max, 15, estudiante
Jueces 15—16

Me gusta leer este libro porque los jueces eran líderes y gente asombrosa. Ellos vivieron en un tiempo muy violento y tenían que ser rudos. Sansón, en los capítulos 15 y 16, era un sujeto violento y un poco loco, creo yo. Me gusta por la forma en que oró a Dios y, como acto final, obtuvo venganza de la gente que lo había torturado.

Nathan, 23, estudiante universitario y aspirante a abogado
Mateo 16, particularmente los versículos 25 y 26

Me encanta cuando Jesús resuelve nuestra expectativa sobre él y deja en claro su plan. Encuentro conmovedora la seria confesión de Pedro sobre la identidad de Jesús, y me siento aludido por su llamado a ser un poquito temerario y apoyarme en él con el fin de conocer a Dios.

Dra. Nérida, 28, científica del reino animal y madre
1 Pedro 2:9

La Biblia contiene respuestas a las grandes interrogantes de la vida, y su mensaje le da significado y propósito a nuestro diario vivir. En un mundo donde la ciencia puede explicar la complejidad de la mecánica de nuestra existencia, en ocasiones podemos sentirnos bastante insignificantes. Y en un mundo en el que se nos bombardea con mensajes en los que se nos dice que debemos conseguir X, poseer Y y vernos como Z con el fin de tener éxito, la Biblia nos dice por qué en verdad existimos y quiénes somos en este vasto universo.

Rubén, 30, administrador de finanzas y padre de una pequeña dinastía
Filipenses 4:13

Me gusta este versículo porque sé que por mis propias fuerzas nunca llegaré a donde quiero ir en la vida. La Biblia nos enseña a ser gente más grande de lo que ordinariamente somos, a ampliar nuestras capacidades. Pero Dios no espera que lo hagamos por nosotros mismos. Él nos dio a Jesucristo para llegar allá. Este versículo resume este sentir de manera hermosa. Me recuerda que Cristo me fortalece.

Richard, en sus 40 y técnico en computadoras
Proverbios 3:5-8

Este ha sido mi pasaje favorito por muchos años. Proverbios es un libro lleno de consejos útiles. Piensa en las implicaciones de estos versículos y, si permites que este principio sea la pauta de tu vida, nunca te irá mal.

Dr. Rod, 37, investigador científico
Romanos 1:20

En la Biblia veo a un Dios que es consistente, misterioso, relacional y que usa temas. Veo estas mismas características en la creación, desde el misterio de la mecánica cuántica hasta el tema del código genético, en el cual todos los seres vivientes tomamos participación. El hecho de que podamos desarrollar la ciencia se apoya en la suposición de que las leyes del universo son consistentes a través del tiempo y el espacio. Y finalmente, veo una creación que es profundamente relacional, en la que cada componente se une para formar las muchas y muy variadas entidades que encontramos en nuestro universo.

Rut, 43, artista y madre
Hechos

Hechos es un libro muy emocionante, que narra uno de los períodos más importantes de la historia. Ya Jesús se había ido, y su grupo de seguidores, fortalecidos por el Espíritu Santo, se lanza al mundo para hablarles a todos sobre Jesús. Disfruto la lectura de sus asombrosas aventuras mientras viajan y conocen a todo tipo de gente. Realizan milagros y son expulsados de los pueblos. Sobreviven a un motín, tormentas y naufragios. Algunos son arrestados y tomados prisioneros. Pero durante todo ese tiempo, predican y difunden las buenas nuevas de Jesús. ¡Esto podría servir de base para una gran película!

Simón, 35, ingeniero de sistemas de computación, esposo y padre
Gálatas 6:11

Los cristianos tienen el hábito de escribir versículos significativos importantes en las tarjetas de cumpleaños. Y siempre escribo este versículo en las tarjetas, como un chiste, con letras realmente grandes. Sé que hay mucho material serio en la Biblia, pero este versículo en particular me divierte.

Tsung, 14, estudiante
Gálatas 5:22-23

Tengo estos versículos escritos en una tarjeta en mi billetera. Me recuerdan cómo el Espíritu de Dios controla mi vida y cómo debo vivirla como cristiano.

Victoria, 27, estudiante
¡Toda la Biblia!

Me gusta la Biblia porque me permite saber quién es Dios. Es la manera en que él se comunica con nosotros. Me gusta que me recuerde sus promesas y que él es siempre fiel a su Palabra. Me encanta que me motive a ser como Cristo y que me enseñe cómo cumplir esa meta; y que hay maravillosos pasajes disponibles para cuando me sienta contenta, y para cuando me sienta triste. Es asombroso que hayan sido escritos hace tanto tiempo. ¿Acaso alguien sintió lo mismo que yo hace tanto tiempo? Es inspiradora. ¿Qué parte me gusta más? Me temo que no puedo escoger una sola, sino ¡toda!

William, 58, mecánico medio retirado
Jonás

La gente a menudo piensa que los profetas son gente muy formal y santa. Pero me gusta leer sobre Jonás porque fue muy humano en todo lo que pensó e hizo. Trató de escapar de Dios y no quiso hacer lo que Dios quería que hiciera. Se volvió gruñón, enojadizo y soberbio. Siendo un hombre con fallas, me puedo identificar con él. Me gusta que la Biblia presente a personajes que se muestren tal cual son. Estos no son siempre individuos perfectos con los que yo no me pueda identificar.

El mensaje de la Biblia es constante e invariable. Pero todos tenemos versículos, pasajes o partes de la Biblia que, por una u otra razón, son particularmente importantes, memorables o significativos para nosotros. Acabas de leer lo que un grupo de personas piensa sobre varios fragmentos de la Biblia. Pero ellos ni siquiera han profundizado mucho. Todavía hay muchas personas, eventos y enseñanzas por descubrir.

Es interesante leer lo que otros han hallado en la Biblia; eso puede presentarnos a gente, lugares e ideas que normalmente no nos hubiéramos encontrado por nosotros mismos. También nos gustaría conocer tus experiencias, lecturas y reacciones relacionadas con la Biblia. ¿Qué significa la Biblia para ti? ¿Cuáles son tus secciones favoritas? ¿Cómo influye sobre tu vida?

Por eso, queremos invitarte a contribuir con tus propios comentarios en nuestro blog de Internet. Simplemente ve a www.everythingaboutthebible.com y añade tu comentario. Estamos muy interesados en leer lo que tienes que decir. También nos gustaría escuchar lo que piensas de nuestro libro... ¡siempre y cuando sean felicitaciones! No se necesita ser científico espacial o tener un título de literatura inglesa para eso.

Bueno, amigo, eso es todo. Este libro ha tocado a su fin. Pero ahora viene lo bueno. Lee la Biblia tú solo ... y deja que esa aventura comience.

Ben y Pete

Nos agradaría recibir noticias suyas.
Por favor, envíe sus comentarios sobre este libro
a la dirección que aparece a continuación.
Muchas gracias.

Vida@zondervan.com
www.editorialvida.com